LA LIBERTÉ

ET

LA CONSERVATION DE L'ÉNERGIE

LA LIBERTÉ

ET

LA CONSERVATION DE L'ÉNERGIE

> Ἐν ἀρχῇ ἦν ὁ λόγος...
> πάντα δι' αὐτοῦ ἐγένετο, καὶ χωρὶς αὐτοῦ
> ἐγένετο οὐδὲν ὃ γέγονεν
>
> St Jean, I, 1. 3.

THÈSE POUR LE DOCTORAT

PRÉSENTÉE A LA FACULTÉ DES LETTRES DE PARIS

PAR

Marius COUAILHAC

ANCIEN ÉLÈVE DE L'ÉCOLE DES CARMES

PARIS

VICTOR LECOFFRE

RUE BONAPARTE, 90

—

1897

A MONSIEUR L'ABBÉ

F. MONIER

SUPÉRIEUR DE L'ÉCOLE DES CARMES

HOMMAGE DE RESPECT ET D'AFFECTION

AVANT-PROPOS

La liberté, si elle n'est pas une illusion de la conscience, doit avoir une influence directe ou indirecte sur le monde matériel. Il faut qu'elle puisse, par son intervention dans la série des antécédents et des conséquents mécaniques, commencer un mouvement, le diriger, le suspendre, l'arrêter. Si on lui refuse ce pouvoir, elle est inutile. Or, nous dit-on, on ne peut le lui accorder. La science s'y oppose. Elle établit, en effet, que la somme de l'énergie potentielle et actuelle est constante, qu'elle ne peut ni décroître ni grandir, et que par suite elle exclut toute influence étrangère. C'est un monde fermé qui se suffit à lui-même et sur lequel la liberté n'a pas prise. De toutes les objections qui ont été faites contre la liberté est-ce la plus grave? nous ne savons; c'est en tout cas la plus claire. Elle emprunte sa force, non pas à des théories métaphysiques, qui se dérobent à tout contrôle, mais à des lois qu'il est facile de vérifier. Elle se pose sur le terrain des faits. Il est impossible de n'en pas tenir compte. Dans ce débat entre la science et la philosophie, prendre parti pour l'une ou pour l'autre est sans doute aisé ; mais c'est nier la difficulté ce n'est pas la résoudre. On ne peut rejeter la liberté, que la conscience nous atteste et que la morale réclame, ni la constance de la force, que la science démontre. Il faut donc chercher comment ces deux vérités, qui paraissent contradictoires, se concilient. Nous avons essayé de le faire après tant d'autres, c'est le but de ce travail.

LIVRE PREMIER

LE PROBLÈME : LA LIBERTÉ, LA PENSÉE ET LE MOUVEMENT

LIVRE PREMIER

LE PROBLÈME : LA LIBERTÉ, LA PENSÉE ET LE MOUVEMENT

Si la liberté est inactive, les pensées, les images, les impulsions de l'instinct, en un mot tous les événements psychiques le seront aussi, et pour les mêmes raisons. Or, dit-on, les événements psychiques sont en effet inactifs. — La pensée est un reflet ou un des aspects du mouvement. Réfuter cette théorie c'est poser le problème. — Si la pensée, en effet, est distincte du mouvement, il faut expliquer comment elle demeure d'accord avec lui. — Ce ne peut être que par une action médiate ou immédiate. — Comment cette action se peut-elle exercer sans faire varier l'énergie du monde?

Avant de s'engager à la recherche d'un système qui concilie les exigences de la liberté et les droits de la science, il est bon de voir de près l'objection que nous nous proposons d'écarter, et de se rendre compte de sa portée. Si la quantité d'énergie que recèle le monde est invariable, il se dérobe, dit-on, à l'action de la liberté, et ne peut recevoir d'elle ni mouvement ni direction.

Si ce raisonnement est valable, ce n'est pas seulement la liberté qu'on réduit à l'impuissance, mais encore la pensée. Et ce que nous disons de la pensée est aussi vrai de la sensation, de l'instinct, en un mot, de tout ce qui, à un degré quelconque, peut passer pour psychique. Si la pensée ou la sensation, en effet, avaient un moyen de s'emparer des forces matérielles et de les conduire, sans en faire varier la quantité, on ne voit pas pourquoi ce qui leur est possible serait interdit à la liberté. Des deux côtés la difficulté est la même.

Aussi ceux qui nient la liberté, au nom du mécanisme, ont-ils été conduits, non pas à nier la pensée sans doute — car comment la nier sans la poser par le fait même — mais à l'exténuer à tel point qu'elle est réduite à l'impuissance et ne garde de l'être que le nom.

Les phénomènes conscients écartés ou du moins annulés, il ne reste plus qu'une seule réalité, la matière. Elle n'a qu'un mode d'action, le mouvement. La matière et le mouvement sont régis par les lois mécaniques. C'est là tout l'être. Au delà il n'y a rien. Celui qui, à un moment quelconque de la durée, connaîtrait l'ensemble des mouvements qui se produisent dans le monde, leur vitesse et leur direction, pourrait en déduire la série entière des événements, qui doivent se dérouler dans la suite des siècles et prédire la perte d'une bataille ou l'éclosion d'un chef-d'œuvre avec la même sûreté que le passage d'une comète ou une éclipse de soleil. Il pourrait anticiper l'avenir et reconstruire le passé, il aurait dans sa main la formule génératrice du monde.

L'évolution intégrale de l'univers matériel lui serait directement connue, celle des événements intérieurs, sensations ou pensées, le serait par contre-coup. Comme les phénomènes psychiques n'ont pas d'être propre et indépendant, ils suivent pas à pas la réalité matérielle et reproduisent toutes ses démarches. On a tort de leur attribuer un rôle prépondérant, ils sont sans influence sur le développement de l'être. Ils le redoublent en quelque sorte et le traduisent dans une langue nouvelle; mais leur présence inactive ne peut accélérer ses progrès, ni leur absence l'entraver. Ce sont des fantômes d'être, des reflets du réel.

Si cette théorie était acceptable, la difficulté que nous nous proposons de résoudre n'existerait même pas. Il n'y aurait pas lieu de se demander comment la liberté et la pensée agissent sur le mécanisme, ni comment, étant inactives, elles paraissent néanmoins diriger le mouvement et demeurent d'accord avec lui; tout serait expliqué du même coup. Si la pensée est un reflet, elle est nécessairement inerte; n'ayant rien de propre et recevant tout des phénomènes matériels, elle ne peut être en désaccord avec eux.

Avant d'aller plus loin, il est donc nécessaire d'examiner cette doctrine et de la juger. Si elle est vraie, toute enquête ultérieure est inutile. Si elle est fausse, au contraire, la question qui fait l'objet de ce travail ne sera pas résolue, elle sera posée. Si la pensée en effet a un être propre, réel, distinct du mouvement, il faudra bien expliquer comment ces deux phénomènes, pensée et mouvement, restent toujours d'accord. Cet accord persévérant ne s'explique que par une action et une réaction réciproques. Le mouvement agit sur la pensée, et la pensée sur le mouvement. Cette action peut être médiate ou immédiate. Dès lors on se trouve en face de ce dilemme : Cette action de la pensée sur le mouvement fait varier la quantité d'énergie dans le monde, et alors que devient la loi de la persistance de la force ; ou elle ne la fait pas varier, et alors comment la faut-il entendre ?

Comme la doctrine qui tend à annuler la pensée a pris des formes très différentes, nous examinerons successivement ces trois questions : 1° la pensée est-elle un reflet du mouvement ? 2° la pensée est-elle du mouvement transformé ? 3° la pensée est-elle un des aspects du mouvement ?

CHAPITRE PREMIER

La pensée n'est pas un reflet

I. — La pensée-reflet est un être sans activité. — Métaphore inexacte : Un reflet est actif; c'est un faisceau lumineux qui se propage suivant les lois qui lui sont propres; il est cause. — La pensée-reflet n'est pas cause. — Elle n'agit pas sur le mécanisme : C'est le postulat du système. — Elle n'agit pas sur les événements psychiques qui lui succèdent. — Son action, en effet, en vertu de l'accord du physique et du mental, aurait un retentissement immédiat dans le mécanisme et en ferait varier les directions, ce qui est impossible. La pensée-reflet est donc entièrement inactive.

II. — Elle est, de plus, sans cause. — Elle n'est évidemment pas produite par les événements psychiques qui la précèdent. — Dans la région des reflets il n'y a pas de cause. — Elle ne provient pas du mécanisme : L'énergie enveloppée dans un mouvement se transmet tout entière au mouvement qui lui succède. — Pas une partie n'en est aliénée au profit de la pensée. — La pensée-reflet est un être sans activité et un effet sans cause. — C'est un concept inintelligible. — Il l'est surtout dans le système phénoméniste. — Si la cause n'est que l'antécédent invariable d'un conséquent déterminé, pourquoi la pensée-reflet qui précède le mouvement n'en serait-elle pas la cause ?

III. — L'accord de la pensée-reflet et du mouvement est inexplicable. — Ces reflets, ces fantômes d'être qui ne sont unis par aucun lien réel et qui sont indépendants du mécanisme, se succèdent régulièrement, comme s'ils étaient liés les uns aux autres et demeurent d'accord avec les phénomènes matériels auxquels ils paraissent unis. — Cette suc-

cession régulière et cet accord se maintiennent sans cause assignable. — C'est une harmonie spontanée et fortuite.
IV. — On répond que les phénomènes psychiques sont liés par un lien de causalité. — Il ne reste donc plus qu'à expliquer leur accord avec les phénomènes matériels, et cette explication nul système ne la donne. — Cette hypothèse ne résout pas les difficultés indiquées plus haut, elle les aggrave. — Le mental, en effet, n'est pas contemporain du physique. — Le premier événement psychique a été sans cause. — Sans cause psychique, il est le premier. — Sans cause matérielle, c'est l'hypothèse. — Il surgit donc du néant par une génération spontanée inexplicable. — De plus il se trouve en si parfaite harmonie avec le phénomène matériel auquel il vient se joindre qu'il paraît en être le reflet. — Il détermine par son apparition une série indéfinie de phénomènes psychiques qui resteront toujours d'accord avec le mouvement dont ils sont indépendants. — Accord merveilleux et doublement inexplicable. — La pensée-reflet est un reflet absolu. — Elle se confond avec le néant. — Elle n'est pas.

I. — La pensée est-elle un reflet ?

Nous allons commencer par une observation qui peut paraître superficielle et qui semble ne viser que les mots, mais elle nous conduira rapidement à une critique de fond. Les inexactitudes de langage masquent tout à la fois et trahissent les lacunes de la pensée. Il faut, surtout en philosophie, se défier des métaphores, elles divisent l'attention, la détournent de son véritable objet et déguisent souvent le vide des doctrines. Elles donnent un air de consistance et semblent prêter un corps à ce qui n'en a pas. Un reflet ! tandis que cette image flotte devant nous, nous croyons voir, associée au mouvement mécanique, une sorte de lumière intérieure qui s'allume ou qui s'éteint suivant des lois fixes. Et nous sommes portés à croire que ce redoublement idéal de la réalité est aussi intelligible que le reflet matériel auquel on l'assimile. Il n'en est rien cependant. La comparaison est inexacte et la pensée-reflet est inintelligible.

Un reflet sans doute est sans action sur la série des phénomènes qu'il reproduit. Un homme n'est ni gêné ni aidé dans ses mouvements par l'image qu'une glace lui renvoie. Mais le reflet n'est pas cependant réduit à l'impuissance, son influence s'exerce dans une série phénoménale différente de celle qu'il reproduit. Il agit vraiment pour son compte, il est réel. C'est un faisceau lumineux reçu, réfléchi, qui se propage suivant les lois qui lui sont propres. Si on le compare à la réalité dont il est la copie, il paraît n'avoir qu'un être emprunté, apparent. Si on l'examine en lui-même, on voit qu'il ne se distingue en rien de la série phénoménale qui compose l'univers visible, qu'il y a sa place au même titre que tout ce qui est.

Il n'en est pas de même de la pensée-reflet, elle est sans activité et n'exerce d'action dans aucun sens. Elle n'agit pas sur l'organisme auquel elle est unie. C'est l'hypothèse en effet sur laquelle repose tout le système que nous examinons. C'est parce que la série d'antécédents et de conséquents mécaniques, à laquelle se réduit le monde matériel, se suffit à elle-même et n'admet pas d'intervention étrangère, que la pensée est réduite au rôle d'épiphénomène, d'accessoire encombrant et inutile, de reflet.

Exclue du monde matériel, la pensée-reflet a-t-elle au moins une influence dans cette région des reflets où elle est reléguée et retenue par l'insuffisance de son être et l'infirmité de sa nature? Pas davantage. Entre les mouvements matériels, en effet, et les événements psychiques qui en sont le reflet, il y a une correspondance et un accord parfaits. Les deux séries phénoménales n'ont sans doute ni la même origine ni la même continuité. La série des événements psychiques n'est pas contemporaine de la série matérielle, et, quand elle a une fois pris naissance, elle ne se poursuit pas sans interruption. Elle se brise par places, et ses lacunes sont parfois considérables. Mais du moins elle n'apparaît jamais sans qu'un mouvement matériel l'accompagne, ou plutôt, puisque le mouvement est le phénomène primitif et indépendant, quand elle surgit, elle se trouve d'accord avec le mouvement auquel elle vient s'unir. Ceci posé, si les deux séries sont solidaires, on ne peut évidemment agir sur l'une sans agir sur l'autre par contrecoup. Modifier le mouvement, changer son intensité ou sa direction, c'est exercer une influence sur la nature des événements intérieurs qui en sont le reflet ainsi que leur suite et leur enchaînement. Mais aussi et inversement, régler les événements intérieurs, les soumettre à des lois et contraindre leur spontanéité, ou les laisser s'éveiller au hasard et se suivre sans ordre, c'est agir sur les mouvements qui leur correspondent et avec lesquels le désaccord n'est pas possible. Un homme n'est ni aidé, ni gêné dans son action par l'image qu'un miroir lui renvoie. Mais si l'on admet que cet homme doit toujours rester d'accord avec son image, il n'y a évidemment qu'un moyen de sauvegarder son indépendance, c'est de lui réserver à lui et à lui seul la direction des deux séries phénoménales qui s'accompagnent et se répondent. Qu'une image ait le pouvoir d'évoquer ou simplement de modifier dans son attitude celle qui la suit, cet homme perd son autonomie, la direction de ses actes est transférée à son reflet. Dans la théorie des idées-reflets, le mouvement et la pensée soutiennent un rapport analogue et sont dans les mêmes relations. Qu'une pensée puisse agir sur la pensée qui suit, ou sur une image, ou sur un désir, son action aura un retentissement immédiat dans le mouvement matériel qui va dévier de ses lignes naturelles. Les lois mécaniques ne sont plus souveraines, la formule du monde est changée.

Séparée du monde matériel par une barrière infranchissable, la pensée-reflet est donc encore détachée de tous les phénomènes psychiques qui la précèdent ou qui la suivent. Ces événements qui dans le temps se rangent sur une seule ligne, ne forment une série qu'en apparence. Ils ne sont pas plus liés les uns aux autres que ne le sont les images, qui se succèdent dans un miroir. La pensée-reflet est donc de tous côtés refoulée sur elle-même. Elle est inactive.

II. — **Elle est de plus sans cause.** — Il est d'abord évident qu'elle ne dépend pas des phénomènes psychiques qui la précèdent. La série des phénomènes intérieurs dont elle fait partie est, comme nous venons de le montrer, une série sans lien réel et d'où, par suite, la causalité est absente. — Elle n'est pas non plus produite par les mouvements matériels dont elle est le reflet. Le courant nerveux auquel elle est associée, les vibrations moléculaires dont elle dépend ne sont ni affaiblies ni déviées quand elle surgit. Et c'est précisément parce qu'elle ne leur emprunte rien qu'elle est rejetée hors du réel. Elle est unie au mouvement non comme l'effet à la cause, mais comme l'ombre au corps. Elle n'en est que le reflet. — Phénomène vraiment étrange, qui n'a d'attache ni avec les phénomènes matériels qui l'accompagnent, ni avec les phénomènes psychiques qui le précèdent ou le suivent dans la série dont il est un des anneaux. Il naît sans cause et meurt tout entier sans produire d'effet et sans laisser de trace. Rien ne vient de rien, disait la philosophie antique. Pour les événements psychiques, c'est le contraire qui est vrai. Ils n'ont d'autre antécédent actif et d'autre cause efficace que le néant. C'est du néant qu'ils procèdent, c'est à lui qu'ils retournent. Le néant est leur point de départ et leur terme.

Cela ne s'entend pas, il est vrai, et cette théorie s'entend moins encore dans le système dont elle fait partie. Pour les défenseurs, en effet, du déterminisme phénoméniste, la cause n'est pas une activité vraiment agissante, c'est l'antécédent invariable d'un conséquent. Elle n'enveloppe qu'une relation de séquence dans le temps. Mais s'il en est ainsi, pourquoi la pensée libre ne serait-elle pas la cause des mouvements volontaires, et par contre pourquoi les courants nerveux ne produiraient-ils pas la sensation ? Il y a entre ces phénomènes une succession constante, pourquoi n'y aurait-il pas causation ? Serait-ce parce qu'ils sont hétérogènes ? Mais où est la loi qui restreint ainsi l'efficacité de la cause ? Le lien de causalité d'ailleurs ne peut s'établir qu'entre deux phénomènes distincts et, par conséquent, hétérogènes à quelque degré.

On dira peut-être que le mouvement suffit à expliquer l'évolution, que dès lors l'intervention de la pensée est inutile, et que l'admettre à concourir d'une manière effective au développement de l'être, ce serait faire œuvre anti-scientifique et briser l'unité du savoir. Mais on peut répondre que le savoir ne réclame d'autre unité que celle que lui imposent les choses, que dans l'hypothèse phénoméniste, les lois de la pensée sont le résultat de l'expérience et n'en peuvent être la règle, que c'est une entreprise étrange de condamner la pensée au nom de ses propres lois, de faire porter par elle la sentence qui lui enlève toute efficacité et de la réduire ainsi à une sorte de suicide. Il faut ajouter enfin que tout vaut mieux que de déclarer anti-scientifique la portion de l'être où la science s'élabore, d'exténuer la pensée au point de n'en faire qu'une ombre, et une ombre qui s'évanouit quand on s'approche d'elle pour déterminer ses contours, examiner sa nature. C'est trop de dire qu'elle est un reflet, elle n'est pas.

III. — Et ce qu'il y a de plus étrange, c'est que ces pensées-reflets, ces fantômes d'être offrent l'apparence d'un enchaînement régulier; tous les événements intérieurs semblent unis par des liens naturels. De plus, comme nous l'avons déjà marqué, ils demeurent sans cesse en harmonie avec la série des événements matériels à laquelle ils paraissent correspondre. Défendre un pareil système, c'est se placer dans une position intenable, et poser à la raison un problème insoluble. Il faut expliquer, en effet, comment un phénomène psychique sans liens réels avec les mouvements qui l'accompagnent, ni avec les pensées qui le précèdent, peut cependant rester en harmonie avec les uns et avec les autres, de telle façon qu'il paraisse être le reflet de ceux-là et la suite de ceux-ci. Qu'une telle rencontre pût se réaliser une fois, ce serait un hasard heureux, fait pour étonner, mais que cette réussite se renouvelle sans cesse, ce n'est pas seulement souverainement improbable, c'est impossible. Il est déjà bien difficile d'admettre l'harmonie préétablie, telle que l'avait conçue Leibnitz. Mais si l'on supprime Dieu, qui la décrète et la prépare, si, après avoir séparé de la matière tous les événements psychiques, on rompt le lien qui les unit, on se demande qu'est-ce qui maintiendra l'union et l'accord entre les éléments de la réalité séparés et disjoints. Il semble qu'après les avoir fait sortir du néant, c'est encore au néant, ou au hasard, qui est un de ses noms, qu'il faudra recourir, pour les tenir unis et produire l'harmonie. Ce ne sera plus une harmonie préétablie, mais une harmonie spontanée, qui s'établit sans raison et se perpétue sans cause.

IV. — Mais, dira-t-on, c'est multiplier à plaisir les difficultés et les contradictions. Il y a sans doute dans la correspondance du physique et du mental un mystère impénétrable, et il est commun à tous les systèmes. Est-ce une raison pour prétendre que la série des événements psychiques est sans lien, et que leur succession régulière est inintelligible ? Les deux séries, physique et mentale, se correspondent et sont solidaires. La première obéit à des lois fatales, et son enchaînement est nécessaire. Pourquoi n'en serait-il pas de même de la seconde ? Et s'il en est ainsi, tout ne s'explique-t-il pas ? Les pensées se développent et s'engendrent suivant des règles inflexibles. Elles sont actives et le sont au même titre que les phénomènes matériels dont elles sont l'écho. Ces deux séries parallèles s'accompagnent et se correspondent sans qu'on puisse dire nettement pourquoi. Mais qui donc jusqu'ici a donné à ce problème une solution satisfaisante?

Répondre ainsi, c'est méconnaître le vrai sens du système et en fausser l'esprit. Il ne faut pas l'oublier, le mental n'est pas contemporain du physique. C'est à un point déterminé de l'évolution qu'il est apparu et qu'il s'est ajouté au physique, qui jusque-là se développait sans ce secours. Il y a donc eu un premier événement mental. Nous allons voir se réunir et se concentrer en lui toutes les difficultés qu'on croit avoir chassées de la série phénoménale dont il est le premier anneau.

Etant le premier, il n'a certainement pas d'antécédent psychique. De plus il ne procède pas du mouvement auquel il paraît uni. Ce mouvement conserve son énergie tout entière et n'en aliène pas une partie au profit de la pensée. Elle est donc vraiment un effet sans cause. Et au moment où elle surgit, sans que rien ait déterminé le temps et le lieu de son apparition, elle se trouve, par un hasard heureux et inexplicable, en accord avec l'événement matériel auquel elle est venue se joindre. Cet accord désormais se perpétuera sans trouble. La lumière intérieure qui vient de s'allumer pourra s'éteindre. Tant qu'elle brillera, elle paraîtra le reflet du mouvement.

Ramenées ainsi sur le point de départ, les difficultés et les contradictions que nous avons signalées plus haut n'ont donc pas disparu et ne se sont pas amoindries. Il nous semble qu'elles ont grandi. Il s'agit toujours en effet d'expliquer la persistance de l'harmonie entre deux séries hétérogènes, qui vont se dérouler l'une et l'autre, suivant leurs lois. Pour que ces lignes de développement restent toujours parallèles et ne deviennent pas divergentes, il faut dans le choix du point de départ une justesse et une précision absolues. Le moindre écart serait funeste. Quelle merveille que le hasard ait pu réussir dans une opération si délicate et quel miracle que ce succès se renouvelle toutes les fois que le mouvement intérieur de la pensée reprend son cours après un repos et que la chaîne, un instant brisée, sans réparer ses lacunes, se continue.

De plus, si le premier phénomène psychique a pu surgir sans antécédent, on n'expliquera jamais pourquoi ce qui lui fut inutile est nécessaire aux autres. Pour que cette nécessité fût admise, il faudrait qu'elle fût prouvée. Elle semble au contraire proscrite par l'ensemble du système. Les vraies causes actives sont les causes matérielles ; les autres, réduites au rôle d'image, de reflet, sont par suite inertes. Dans la caverne de Platon, les ombres se suivent régulièrement et paraissent s'engendrer les unes les autres, mais nul ne songera à leur accorder une activité qui demeurerait inutile et resterait toujours enchaînée.

La pensée-reflet serait encore moins active qu'une ombre et moins réelle qu'un reflet. L'ombre et le reflet ont une cause, la pensée n'en aurait pas. L'ombre et le reflet, en un sens inactifs, ont une influence sur les vibrations de l'éther et modifient la lumière; la pensée est entièrement inerte. C'est un reflet absolu.

CHAPITRE II

La pensée n'est pas du mouvement transformé.

I. — Autre forme du même système. — La pensée n'est pas un reflet. — Elle est un mouvement transformé. — Comme la chaleur, la pensée a un équivalent mécanique. — Critique : Dans le système phénoméniste le mouvement ne se transforme pas en chaleur, mais un mouvement de translation se transforme en mouvement moléculaire. — La transformation du mouvement en pensée serait une vraie métamorphose. — Elle serait sans analogie dans la nature.

II. — Même admise, cette métamorphose inintelligible n'expliquerait rien. — Etat de la question : Il s'agit d'expliquer l'accord de la pensée avec le mouvement dont la vitesse et la direction sont rigoureusement déterminées par les lois mécaniques. — Transformé en pensée, le mouvement obéit-il aux lois mécaniques? C'est une hypothèse dénuée de sens. — Il n'est donc pas régi par les lois mécaniques. — De plus, la pensée qui lui a succédé et qui l'a absorbé enveloppe un élément qualitatif. — Cet élément qualitatif, cette qualité est-elle inactive? C'est un épiphénomène, un reflet; nous retombons dans l'hypothèse repoussée plus haut. — Est-elle active au contraire? Le mouvement reçoit de lui une impulsion ou du moins une direction nouvelle. — Il n'est pas uniquement dirigé par les lois mécaniques. — Comment s'explique l'intervention de cet élément qualitatif? — C'est la question qu'il faut résoudre. — Elle se dresse devant les phénoménistes. — Ils sont dans la même situation que les spiritualistes les plus déterminés.

I. — Cette conséquence est désastreuse. Il est difficile de s'y résigner. Nier la réalité, qui seule nous est directement accessible, est une entreprise malaisée. Pour y réussir, il faut une intrépidité de logique qui n'est pas commune. Aussi les partisans de ce système ne sont-ils pas toujours constants avec eux-mêmes. Après avoir exclu la pensée de la trame du devenir, ils cherchent à l'y réintégrer. Ils essaient de l'assimiler aux forces de la nature, et de la soumettre aux mêmes lois. La pensée dès lors ne se superpose pas au mouvement, elle lui succède. Et de la pensée comme de la chaleur, il y a un équivalent mécanique, encore inconnu sans doute, mais que les progrès de la science feront découvrir.

On peut s'étonner que les phénoménistes aient consenti à présenter leur système sous cette nouvelle forme. Ils paraissent oublier que, pour eux, il n'y a pas dans la nature de transformation véritable. La chaleur ne devient pas du mouvement, ni le mouvement de la chaleur. Il n'y a, dans le monde, que du mouvement, qui paraît se transformer, qui, en réalité, se poursuit sans cesse, prenant des directions différentes, mais ne perdant rien ni de sa nature ni de son énergie. La transformation du mouvement en chaleur n'est que le passage d'un mouvement de translation à un mouvement moléculaire.

Mais, si le mouvement devient une pensée, c'est par une transformation réelle et sans exemple, qui assigne à la pensée une situation singulière et une place de choix dans la nature. On veut la faire rentrer dans la série phénoménale qui constitue le monde matériel. Elle résiste à cette violence et ne se laisse assimiler ni à la matière ni au mouvement. Elle n'en pourrait surgir que par une métamorphose que la raison déclare inintelligible et que l'expérience ne justifie pas.

II. — Du reste, cet échange d'énergie entre la pensée et le mouvement une fois accepté, et cette nouvelle équivalence une fois admise, la question qui nous occupe resterait entière. De quoi s'agit-il en effet? D'expliquer l'influence de la pensée de telle façon que le mouvement sur lequel elle a prise, non seulement ne perde rien de son intensité, mais encore ne dévie pas des directions qu'il doit prendre sous l'action des lois mécaniques. Or en quoi l'échange d'activité, dont on nous parle, entre le mouvement et la pensée peut-il servir pour résoudre ce problème ?

Quand il est parvenu au cerveau et qu'une pensée lui succède, le mouvement disparaît au moins partiellement. Il reparaîtra quand la pensée, en s'éteignant, restituera au corps ce qu'elle en a reçu. Il y aura eu dans la série purement matérielle, dans le mouvement, une interruption, une rupture, un hiatus. Pendant cette interruption, l'énergie matérielle n'aura pas disparu, elle aura persisté sous la forme de pensée. A-t-elle pendant ce temps obéi encore aux lois mécaniques? C'est une question qui n'a même pas de sens. Qu'une pensée soit accompagnée d'un mouvement des cellules cérébrales, mouvement qui relève de la mécanique, c'est possible. Mais elle ne peut évidemment, sans s'anéantir, être elle-même régie par les lois du mouvement. Quelque parti que l'on prenne, quelque théorie qu'on adopte sur la nature de la pensée, elle enveloppe quelque chose d'essentiellement réfractaire à toute loi mécanique et à toute évaluation quantitative.

Il y a, dit-on, une dynamique mentale, comme une dynamique matérielle, et les pensées sont des forces. Soit. Mais ces forces, à quantités égales, se distinguent les unes des autres. Pour éveiller l'idée du bien ou celle du mal, la même quantité de mouvement peut être absorbée. L'amour et la haine peuvent avoir la même intensité. Ces idées sont pourtant distinctes et ces affections contraires. Il y a là un élément qualitatif. Il n'est pas accidentel. C'est lui au contraire qui constitue vraiment ou la pensée ou le sentiment. Reste-t-il sans influence? Voilà la vraie question. — Le mouvement, un instant interrompu, retrouve-t-il quand il recueille de nouveau l'énergie qu'il avait aliénée au profit de la pensée, la même vitesse et la même direction? Nous retombons alors dans l'hypothèse rejetée plus haut. La pensée est inactive. C'est un épiphénomène, un reflet. — Le mouvement au contraire, sous l'action de la pensée, entre-t-il dans des voies nouvelles? Il subit alors une direction qui ne relève pas des lois mécaniques. L'unité du monde est brisée. Il n'y a pas de formule scientifique qui contienne le secret de son développement et qui règle ses démarches.

On n'a donc rien gagné à admettre une transformation inintelligible du mouvement en pensée. Les partisans de ce système sont mis en demeure d'expliquer comment l'élément qualitatif de la pensée peut agir sur le mouvement sans en faire varier l'énergie. Leur situation n'est pas meilleure que celle des spiritualistes et leur embarras est le même.

CHAPITRE III

La pensée n'est pas un aspect du mouvement

I. — La pensée est un des aspects du mouvement. — Critique : Théorie contradictoire. — Il y a nécessairement deux phénomènes là où se trouvent deux apparences distinctes, et de plus irréductibles. — Cette théorie tend à identifier la pensée et le mouvement. — Après avoir montré dans le chapitre premier que la pensée ne peut être assimilée à un reflet et annulée, nous allons prouver qu'elle se distingue du mouvement et qu'elle a un être propre.

II. — La pensée est située hors de l'espace. — Les vieilles démonstrations qui l'établissent n'ont rien perdu de leur valeur. — Elles n'ont rien à redouter des recherches sur les localisations cérébrales. — Elles y trouvent au contraire une confirmation. — La pensée se distingue du mouvement et de la matière. — Elle est simple. — Vraie notion de la simplicité : La simplicité mathématique et la simplicité métaphysique. — La pensée est située hors de l'espace.

III. — Elle est aussi hors du temps. — Opposition du mouvement et de la pensée. — Le mouvement est successif; il est plongé dans le temps. — La pensée dure, elle est hors du temps. — Preuves : Percevoir une mélodie c'est percevoir un tout dont les parties sont successives. — Comment la pensée pourrait-elle percevoir ce tout si elle s'écoulait avec les phénomènes successifs qui le composent? — On dira peut-être que nous confondons la perception avec l'imagination ou la mémoire, que la perception est instantanée. — Mais d'abord une perception instantanée est un phénomène qui nous est inconnu. — Pour le dégager de tout alliage les instruments de précision nous manquent. — De plus, même resserrée dans des limites aussi étroites que l'on voudra, la perception demeure toujours soustraite aux lois du temps. — Elle occupe, sans devenir successive, une portion déterminée du temps. — Preuves : L'objet de la perception est une vibration moléculaire, un mouvement. — Un mouvement qui est une succession ininterrompue de positions dans l'espace ne peut être perçu que par une pensée qui domine cette succession et qui est hors du temps. — De plus, ni un mouvement, ni une oscillation complète ne suffisent pour que la perception s'opère. — Percevoir une couleur ou un son c'est percevoir un rapport défini entre deux termes : le nombre des vibrations de l'éther ou de l'air et le temps. — Pour que le rapport soit perçu il faut que les termes soient l'objet de la pensée, et que la pensée, puisqu'ils sont successifs, soit hors du temps.

IV. — La pensée est hors du temps. — Autres preuves : La mémoire suppose une perception immédiate du passé. — Théorie phénoméniste de la mémoire. — La réapparition des états de conscience passés. — La reconnaissance. — La localisation. — Critique : Localisation. — L'aptitude d'un phénomène conscient, à s'insérer entre deux phénomènes de notre vie passée, et à s'associer à eux sans résistance n'est pas une marque qu'il appartient à notre vie passée. — A ce signe nous ne pouvons ni le reconnaître ni le localiser. — Il s'associe quelquefois plus aisément à des phénomènes qui ne l'ont ni suivi ni précédé dans le temps. — Pour nous souvenir, il nous faut faire effort. — En outre l'aptitude d'un phénomène à s'associer à ceux qui l'ont ou précédé ou suivi dans le temps n'est pas la cause du souvenir. — Elle en est au contraire l'effet. — La reconnaissance : Insuffisance du critérium phénoméniste. — Tout état de conscience, faible, contredit par le présent, cohérent, n'est pas un état de conscience passé. — D'une relation d'intensité on ne peut déduire une relation de temps. — La perception de l'éloignement dans l'espace, de la profondeur, et la perception de l'éloignement dans le temps, du passé. — L'association entre la dégradation progressive des couleurs et l'éloignement dans l'espace est une association empirique. — L'association entre la faiblesse de nos états de conscience et leur éloignement dans le temps n'est pas a priori. — Si la pensée ne percevait pas directement l'éloignement dans le temps, elle ne pourrait être a posteriori, elle serait donc impossible. — La pensée ne s'écoule pas avec les phénomènes. — Elle n'est pas seulement leur image. — C'est d'un point fixe situé hors du temps qu'elle voit leur succession. — La reconnaissance est l'âme du souvenir. — La réapparition et la localisation des états de conscience passés n'en sont que la matière. — Or, reconnaître c'est comparer le présent au passé et par suite les percevoir l'un et l'autre. — La durée de la pensée et la durée d'un phénomène matériel. — Leur différence.

I. — Il faut reconnaître que cette dernière opinion n'est pas commune, et qu'on demeure volontiers d'accord que la transformation du mouvement en pensée est inacceptable. Les mécanistes seraient plutôt d'avis que la pensée non seulement n'a pas d'équivalent mécanique, mais qu'elle n'est même pas un reflet, qu'elle ne se distingue pas du mouvement, qu'elle est une de ses faces. Pensée et mouvement sont deux aspects d'une même chose. Au fond ils sont identiques. Et comme les partisans de ce système sont les adversaires de la métaphysique et les ennemis des substances, cette identité est une identité phénoménale.

Cette affirmation paraîtra audacieuse si l'on songe qu'un phénomène c'est ce qui apparaît, et que par suite il y a nécessairement deux phénomènes là où se rencontrent deux apparences distinctes.

Elle le paraîtra bien davantage si l'on se souvient

que ceux qui affirment l'identité du mouvement et de la pensée, confessent cependant que les efforts tentés jusqu'ici pour les réunir sont demeurés sans résultat, qu'il y a entre eux un abîme, et que les progrès de la science, fût-elle achevée, ne réussiront pas à le combler. Cela suggère l'idée qu'entre leur doctrine et celle que nous avons combattue plus haut, il n'y a pas de différence essentielle. Elles sont séparées tout au plus par l'épaisseur d'une métaphore. Cependant tandis que l'une laisse, en quelque sorte, flotter la pensée au-dessus du mouvement, l'autre tend à l'identifier avec lui. Aussi, après avoir prouvé qu'on ne peut faire de la pensée un simple reflet, sans l'anéantir, il faut montrer qu'elle a un être propre, et que cet être se distingue du mouvement.

II. — La matière est étendue et le mouvement est multiple. La pensée au contraire est une et simple. Le fait de conscience le plus humble, en effet, la perception, est le résultat d'une synthèse. Or toute synthèse suppose la simplicité hors de laquelle l'unité n'est qu'apparente. Ces vieilles démonstrations sont connues. Il est inutile de les rééditer.

Il est bon pourtant de faire remarquer qu'on n'a rien trouvé de solide contre elles. Elles n'ont rien à redouter des recherches sur les localisations cérébrales. Qu'on suppose en effet que ces recherches ont abouti. La géographie du cerveau est faite, on sait où chaque faculté a son siège, on peut déterminer l'endroit précis où sont recueillies les sensations, et marquer celui d'où partent tous les mouvements. Enfin, on a fait au système nerveux, qu'il n'est plus permis, après les expériences récentes, de réduire au rôle effacé de simple intermédiaire et d'agent de transmission, la part qui lui revient dans la sensation. Le matérialisme aurait tort d'invoquer ces découvertes en sa faveur. Au lieu d'entamer la simplicité de l'âme, elles lui fournissent un argument, sinon nouveau, du moins plus précis et il se trouve que, sans y avoir songé, et peut-être contre son gré, c'est pour le spiritualisme que la physiologie a travaillé.

Plus en effet sont distincts et séparés les uns des autres les organes de l'activité psychique, plus la simplicité du sujet devient nécessaire. Il faut un lien entre les impressions qui sont toutes localisées, et les impulsions fatales ou nécessaires dont le point de départ l'est également. Si la partie du cerveau qui recueille le mouvement centripète, transmis par les nerfs sensitifs, est éloignée de celle d'où s'échappe le courant nerveux qui va mouvoir le corps, il faut bien que, malgré la distance qui les sépare, ces deux portions du cerveau communiquent entre elles et soient unies. Elles ne le seront que par l'intermédiaire d'un être simultanément présent dans des lieux divers, qui n'est pas enchaîné par l'étendue, soustrait aux lois de l'espace, en un mot simple.

Il est aisé de voir que la simplicité que nous reconnaissons à la pensée n'est pas celle qu'on serait tenté de lui attribuer. Nous distinguons nettement ces deux notions qui n'ont rien de commun, la simplicité métaphysique et la simplicité mathématique. Celle-ci réside dans le point, et le point à notre avis n'est qu'une limite, il ne peut être réalisé. Mais s'il le pouvait, il garderait toujours quelque chose de sa nature. Il appartient à l'ordre de la quantité continue et simultanée, il en retiendrait deux choses, la position dans l'espace et l'impossibilité d'en occuper deux. Si le terme de simplicité n'avait pas d'autre signification, les discussions entre spiritualistes et matérialistes seraient oiseuses et vides de sens. On ne voit pas pourquoi on ne pourrait pas faire de la pensée avec l'étendue, de l'esprit avec la matière.

Ce n'est pas ainsi que nous nous représentons la pensée simple. Radicalement distincte de la matière, elle n'est pas située dans l'espace. Ce serait une entreprise aussi étrange de chercher le point précis où elle réside que de vouloir déterminer sa forme ou indiquer sa couleur. Elle est partout où se fait sentir son action, sans que cette présence simultanée en des lieux divers porte la plus légère atteinte à son unité ou altère sa simplicité. Soustraite aux lois de l'étendue, elle est hors de l'espace.

III. — Elle est aussi hors du temps. C'est le point sur lequel nous nous proposons d'insister, c'est celui que la théorie que nous examinons nous permet surtout de mettre en lumière. Entre la pensée et tout phénomène matériel soumis à des changements successifs, il y a sans doute un contraste marqué. Mais ce contraste est sinon plus réel, du moins plus manifeste, si de tous les phénomènes le seul qui soit vraiment objectif et réel est le mouvement. Le mouvement en effet s'écoule sans interruption et sans trêve. Il est plongé dans le temps auquel il sert de mesure et lui est tellement soumis et lié qu'il paraît s'identifier avec lui. La pensée au contraire, du sein de son unité, peut faire face à une portion déterminée de la durée et l'envelopper d'un regard. Sans être absolument affranchie des lois du temps, elle se dérobe partiellement à son étreinte et le domine. Cette opposition de nature n'empêche pas sans doute le mouvement et la pensée de s'unir pour une action commune, mais même dans cette union ils restent distincts et demeurent irréductibles. C'est ce que nous voudrions montrer.

Prenons par exemple la perception la plus simple, celle de l'ouïe. Qu'est-ce qu'entendre une mélodie ? C'est sans doute entendre d'une manière distincte les notes qui se succèdent, mais c'est aussi et surtout percevoir leur enchaînement. Si chaque sensation ne durait pas plus que le mouvement qui la provoque, il n'y en aurait jamais qu'une seule dans le champ de la conscience. La mélodie nous échapperait. Pour que nous la percevions, il faut que les sensations successives, au lieu de passer, demeurent présentes pour prendre place dans une construction mentale où l'unité et la multiplicité, la permanence et la succession sont réunies en une merveilleuse synthèse. Ce qui est vrai de l'ouïe, avec des nuances qu'il est inutile d'indiquer, l'est aussi des autres sens. Une perception qui ne durerait qu'un instant serait pour nous comme si elle n'était pas.

Cette analyse, dira-t-on, est inexacte, et met sur le compte de la perception ce qui n'appartient qu'à la mémoire ou à l'imagination. Séparée de tout ce qui la suit ou l'accompagne, la perception ne peut durer et en fait ne dure qu'un instant. Et s'il en est ainsi, ne va-t-elle pas reprendre sa place dans la série successive, et retomber dans le temps auquel on veut l'arracher.

Faisons d'abord remarquer que la perception, si elle est instantanée, nous est inconnue. Pour la saisir et la dégager de tout alliage, les instruments de précision nous manquent. Du reste qu'on resserre tant qu'on le voudra les limites qu'on lui assigne, la durée qu'on lui abandonne est toujours une partie du temps, qui la contient sans doute, mais ne la divise pas.

Le phénomène objectif qu'elle perçoit est une vibration moléculaire. Une vibration se compose d'un mouvement d'aller et d'un mouvement de retour. Or tout mouvement est une succession ininterrompue de positions dans l'espace. Pour le percevoir, il n suffit pas de connaître ces positions multiples, ni de déterminer leur nombre, il faut encore saisir leur relation et leur continuité dans une direction déterminée, en faire la synthèse. Cette synthèse qui la fera, si la pensée est successive comme le mouvement, suit toutes ses vicissitudes et s'écoule avec lui ? De même qu'un point fixe dans l'espace est nécessaire pour que le mouvement soit perceptible, un point immobile dans le temps est requis pour qu'il soit perçu.

En outre, pour que la perception s'opère, ni un mouvement ni une oscillation isolée ne suffisent. Il en faut plusieurs. D'où provient cette exigence ? Est-il nécessaire, pour éveiller la sensation, que l'impression organique ait une intensité déterminée, intensité que les vibrations de l'air ou de l'éther n'obtiennent que par des coups répétés ? Mais alors comment expliquer qu'un choc violent ne produise pas le même effet que ces heurts légers et successifs ?

Il est d'ailleurs démontré que l'intensité de l'impression, si elle est requise, est pourtant secondaire. Elle provoque la sensation, mais n'en détermine pas la nature. Celle-ci dépend non de la quantité, mais de ce qui, dans la quantité, se rapproche le plus de la qualité, d'une relation. Voir des couleurs diverses et entendre des sons différents, c'est percevoir un rapport défini entre le nombre des vibrations de l'éther ou de l'air et le temps. Tout changement dans ce rapport se répercute dans la perception. Il fait varier les couleurs et se succéder les sons. Sans doute, il n'est ni connu directement, ni perçu avec netteté. Longtemps il a été ignoré. La perception en est pourtant l'écho. C'est de lui qu'elle procède directement. Or, pour qu'un rapport soit l'objet d'une perception, confuse si l'on veut, réelle pourtant, il faut que les termes entre lesquels il s'établit soient simultanément présents, ou plutôt, puisque en réalité le mouvement s'écoule sans trêve, que l'acte de l'intelligence qui le saisit puisse l'atteindre même dans le passé, et que par suite il soit lui-même posé hors du temps.

Entre le mouvement et la perception, le contraste est complet, l'un se déroule dans l'espace et s'écoule dans le temps, tandis que l'autre s'est en partie dégagée de ces formes inférieures de l'être. Ils ne peuvent donc être confondus ni surtout identifiés. La pensée n'est pas une des faces du mouvement, elle est réelle au même titre que lui, et, au lieu de lui être subordonnée, lui est supérieure.

IV. — Cette réalité de la pensée sera plus incontestable si nous parvenons à mettre dans un jour meilleur et à montrer avec plus d'évidence son indépendance du temps. Et cela nous paraît aisé. La perception a une durée restreinte. La portion du temps qu'elle enveloppe est exiguë. Le regard de la conscience peut être plus puissant, et le champ de sa vision plus étendu Il l'est surtout dans l'acte de la mémoire, dans le souvenir. Par le souvenir nous percevons directement le passé. Nous embrassons d'un regard notre vie tout entière.

Par contre, c'est là que les phénoménistes échouent avec le plus d'éclat. Leur théorie, que des retouches successives et intelligentes ont amené à un degré de perfection rare, côtoie d'aussi près que possible la réalité. Elle en est encore éloignée de toute la distance qui sépare une chose morte d'un être vivant. Montrer la lacune de leur doctrine, ce sera montrer que la mémoire suppose la perception immédiate du passé, et qu'elle est hors du temps.

Voici comment, d'après eux, fonctionne la mémoire et s'expliquent tous ses actes. Le souvenir est la réapparition d'un état de conscience passé. Cet état de conscience ne risque pas d'être confondu avec les événements présents. Il est contredit par eux, ou du moins, sa faiblesse contraste avec leur vivacité. De plus, il est aux ordres de la volonté qui l'appelle ou l'écarte à son gré. Le présent au contraire s'impose à nous et nous résiste quand nous voulons l'éloigner. Cet état de conscience passé qui répond à notre appel et réapparaît quand nous le désirons, forme néanmoins un tout dont les parties sont liées. Et les éléments qui le composent, si nous voulons les dissocier, ne cèdent pas sans résistance. Pour les séparer, il nous faut faire effort. C'est par là que le souvenir se distingue des fantaisies de l'imagination.

Cet état de conscience reconnu, nous cherchons la place qu'il a une première fois occupée. Pour cela nous le faisons en quelque sorte glisser sur la série phénoménale qui constitue notre passé jusqu'à ce que nous rencontrions un vide à sa mesure, entre deux événements, dont l'un l'a autrefois précédé et l'autre suivi. Plus son adaptation est parfaite, plus nous sommes assurés que le souvenir est fidèle et sa localisation exacte. Cette localisation serait aisée si la chaîne du passé était entière, mais elle est le plus souvent brisée et des lacunes considérables ne permettent pas d'en relier les tronçons. Pour retenir nos souvenirs dans ces espaces vides où pas un point de repère ne s'offre à nous, il faut avoir recours à un moyen détourné, et les rattacher au temps ou au mouvement des astres qui lui servent de mesure et qui paraissent le constituer. Sans cette localisation naturelle ou artificielle, le souvenir demeure comme suspendu dans le vide et reste incomplet.

Si cette théorie était la copie fidèle de la réalité, les phénomènes de mémoire seraient analogues, sinon identiques aux phénomènes matériels; et pour expliquer leur succession, il serait inutile de faire intervenir ce regard qui saisit directement le passé, et par lequel la mémoire se détache momentanément de tout ce qui est successif et se pose hors du temps.

Mais cette théorie est manifestement insuffisante. En rejetant la perception immédiate du passé qui est l'acte essentiel de la mémoire, elle se condamne à ne donner que des explications incomplètes, et à substituer aux opérations vivantes de l'esprit un mécanisme ingénieux sans doute, mais inerte. On a brisé le ressort qui devait mettre tout en branle.

Se souvenir, c'est reconnaître un événement comme passé et le situer dans une place déterminée de notre vie antérieure. Qu'on supprime la perception immédiate du passé, ces deux opérations deviennent impossibles. Nous ne pouvons ni reconnaître ni localiser un état de conscience qui réapparaît.

Nous ne pouvons le localiser, ou du moins cette localisation se fait à l'aventure. A quel signe en effet reconnaître qu'un état de conscience a été situé à la place qui lui convient et qu'il a une première fois occupée ? A la facilité avec laquelle il s'y adapte ? Il se lie sans résistance au phénomène qui précède et à celui qui suit. Mais les associations dans lesquelles il peut entrer sont innombrables. Toutes sans doute ne sont pas également aisées, mais celles que facilite le souvenir et qui rendent possible la localisation ne le sont pas plus que d'autres. Souvent elles le sont moins. Spontanément, les représentations mentales se brisent et se désagrègent pour former des composés nouveaux. Quand nous les laissons suivre leur pente et s'unir suivant leurs affinités, ce n'est pas la suite naturelle de notre vie passée qui se déroule avec ordre devant nous, c'est la rêverie désordonnée qui nous envahit. Pour nous souvenir, il nous faut faire effort. La facilité d'une association est donc pour nous sans signification précise. Elle ne nous fournit pas d'indication qui nous permette de localiser un état de conscience passé. Se fier à elle, c'est volontairement s'exposer à des mécomptes.

Nous ne nions pas sans doute que deux phénomènes qui ont été contigus dans notre conscience ne s'unissent plus aisément, et qu'ils ne répugnent à entrer dans d'autres associations, quand nous essayons d'évoquer le passé. Mais cette tendance à s'associer, au lieu de provoquer le souvenir et de le préciser, en dépend. Elle procède de la mémoire elle-même. C'est la mémoire, qui dans ces essais successifs de localisation, est tout à la fois acteur et juge. Elle entrave et arrête les uns. Elle laisse le champ libre aux autres. Certaines associations s'offrent spontanément, elles sont aisées, elle les rejette. D'autres au contraire ne sont obtenues qu'après de longs efforts et sont le fruit d'une recherche laborieuse, elle les accueille, et c'est vers elles qu'à travers toutes ses hésitations et ses incertitudes, elle se dirige. Ce qui éclaire sa marche et guide son choix, ce n'est ni l'aisance ni la difficulté des associations, mais une vue directe de l'esprit, une perception immédiate du passé. Ce n'est pas parce que deux phénomènes s'associent aisément, qu'elle les reconnaît, mais au contraire ils ont une aptitude à s'associer parce qu'elle les a reconnus. Le souvenir n'est pas un effet, mais une cause. La théorie phénoméniste renverse les rôles. Si elle était vraie, notre recherche serait aveugle et la localisation impossible.

De plus la reconnaissance que cette localisation et cette recherche supposent le serait également. Comment savoir, en effet, qu'un fait de conscience qui surgit tout à coup dans notre esprit, appartient à notre passé ? Suffirait-il, comme le prétendent les phénoménistes, de remarquer qu'il contraste avec les événements présents par sa faiblesse, avec nos imaginations par sa cohérence ? Mais nos pensées et nos jugements sont aussi des états faibles ? Ils peuvent être liés par des liens logiques, former un raisonnement, constituer une science. Ils ont alors plus de cohésion que les souvenirs les plus fermes. Pourtant nous ne pouvons pas les rejeter dans le passé. C'est donc que le double critérium phénoméniste est ici encore insuffisant. D'une relation d'intensité on ne déduira jamais une relation de temps. Ces deux concepts sont différents. Ils ne sont pas liés à priori et même dans l'expérience ils ne coïncident pas.

On a quelquefois comparé la connaissance du passé à la perception du monde extérieur. Cette comparaison n'est pas fausse de tous points. Elle va nous aider à préciser notre pensée, et même nous fournir un argument en faveur de notre thèse. Quelque théorie qu'on adopte sur la perception de l'étendue, on ne peut nier, semble-t-il, que le concept d'intensité ne soit distinct de celui d'espace, et qu'entre les deux il n'y ait pas de liaison à priori. Si nous n'avions que des représentations intensives, nous n'arriverions pas à construire l'étendue. Une savante distribution de la couleur et de la lumière dans un tableau simule le relief et donne l'illusion de la profondeur. Mais cette illusion est manifestement le résultat d'habitudes acquises et d'associations empiriques. Un aveugle récemment opéré de la cataracte, au premier regard qu'il jette sur le monde, perçoit peut-être d'une manière confuse la profondeur. Mais, et ceci ne paraît ni douteux ni contesté, un tableau ne serait pour lui qu'une surface diversement colorée dont il ne saurait ni distinguer ni coordonner les divers plans. L'intensité d'une couleur varie suivant qu'elle s'éloigne ou se rapproche de nous. Sa dégradation continue est liée à sa position dans l'espace. Mais cette association est empirique. Elle suit l'expérience et ne peut ni la précéder ni la suppléer. Le concept de profondeur est primitif et irréductible. L'intensité relative de nos sensations n'en fera jamais naître l'idée.

Il est évident que l'intensité relative de nos états de conscience sera encore plus impuissante à nous suggérer l'idée de l'éloignement dans le passé. Ici, en effet, la difficulté est beaucoup plus grave. Un état de conscience faible et cohérent n'est pas plus lié à priori au concept de temps que les sensations d'intensités différentes ne le sont à celle de profondeur. Mais, de plus, cette liaison, qui n'est pas à priori, ne peut être le résultat de l'expérience : cela dérive de la différence essentielle qui distingue le temps de l'espace. Les diverses parties de l'espace sont simultanées, elles forment un tableau unique que nous pouvons embrasser d'un regard. En même temps que la distance, nous percevons la dégradation successive de la lumière, il est donc possible et même nécessaire qu'entre ces deux perceptions qui coexistent dans notre conscience, une association s'établisse. Mais, pour le temps, il n'en va pas de même. Les diverses parties ne coexistent pas, elles se succèdent, une seule nous est présente. Comment dès lors une association empirique pourra-t-elle s'établir entre ce que les phénoménistes regardent comme le signe du passé, la faiblesse d'un état de conscience, et l'idée même de passé ? L'instant qui a cessé d'être présent, qui est passé, nous est inaccessible, il est hors de nos prises ; il est pour nous comme s'il n'était pas. Il ne peut donc comme tel, comme passé, coexister dans notre conscience avec un état faible ni entrer dans une association quelconque.

Pour que cette association devienne possible, il faut que l'instant qui cesse d'être présent ne se dérobe pas pourtant au regard de la pensée, qu'il y ait en nous une perception immédiate du passé. Si cette perception est impossible, toute association entre la faiblesse de nos états de conscience et l'idée de passé, l'est également. Elle ne peut en effet résulter de l'expérience. D'autre part elle n'est pas à priori.

Elle serait donc arbitraire, ou mieux ne se produirait pas.

L'idée de passé ne naîtra qu'à une condition, c'est que ce qui a cessé d'être ne soit pas complétement anéanti pour nous, que le passé malgré son éloignement dans le temps, éloignement qui grandit sans cesse, nous soit accessible, qu'il soit l'objet d'une connaissance directe. Perception singulière, il faut le reconnaître, et, si l'on veut, mystérieuse, mais pas plus étrange et pas plus inintelligible que celle qui nous fait saisir immédiatement les objets distants de nous dans l'espace. Dire comme on l'a fait quelquefois qu'elle est contradictoire et suppose qu'on perçoit ce qui n'est pas, puisque le passé c'est ce qui a cessé d'être, serait une objection puérile. Le passé n'est pas le présent sans doute, c'est là une tautologie, mais s'il n'était rien, quelque théorie que l'on adoptât, le souvenir serait impossible. Le passé est réel et il tombe directement sous les prises de la pensée.

Or pour que cela soit possible, il faut que la pensée se distingue par quelque endroit des phénomènes successifs et transitoires, et de plus qu'elle ne soit pas seulement leur image, mais qu'elle s'oppose à eux comme ce qui demeure à ce qui passe. — Si elle se confond avec les phénomènes, comme eux elle fuit d'une fuite ininterrompue. Le passé ne peut être connu, puisque la pensée dans laquelle il pourrait se refléter et se survivre l'accompagne et disparaît avec lui. — Si la pensée n'était que l'image des choses et les reflétait comme un miroir, elle reproduirait leur forme, mais aussi leurs démarches. Comme ils paraissent ensemble, l'image et son objet s'évanouiraient en même temps. Il ne resterait rien où le passé pût être recueilli et conservé. — Distincte des phénomènes, la pensée les reflète sans doute et en reproduit l'image, mais cette image n'est pas une copie servile et inerte du réel, c'est un acte vivant, une vue de l'esprit qui s'étend à ce qui passe et à ce qui a cessé d'être. Elle est donc au-dessus de la série successive, elle n'en suit pas le mouvement et n'en subit pas les vicissitudes. Elle est vraiment hors du temps.

C'est là seulement qu'elle se saisit elle-même et qu'elle prend conscience de son unité. La réapparition des états de conscience et leur localisation dans le passé sont deux actes qui sont des éléments nécessaires du souvenir, mais des éléments inférieurs. Ils sont à la mémoire ce que le corps est à la vie. Ils fournissent une matière à son activité. Mais ils sont impuissants à la suppléer ou même à la simuler. Quand ce regard intérieur qui s'ouvre sur notre vie tout entière est fermé, il ne reste que des éléments sans vie, une matière sans forme, une succession d'images qui se meuvent dans les ténèbres. La lumière est éteinte et le spectateur absent. La reconnaissance en effet n'est pas un des éléments du souvenir, elle en est l'âme, elle est le souvenir lui-même.

Qu'est-ce que la réapparition d'un état de conscience passé si je ne le reconnais pas comme passé et comme mien ? Qu'est-ce que la localisation, si, au moment où un état de conscience, après bien des tâtonnements, s'insère dans la trame de ma vie passée, je ne reconnais pas qu'il est à la place qu'il a une première fois occupée, et que la série d'événements, dont je rétablis ainsi la continuité, est identique à celle que j'ai autrefois vécue ? Ces deux opérations, reconnaître un état de conscience et le localiser ne sont même pas deux actes différents, mais un acte unique qui commence et qui s'achève. C'est la reconnaissance qui se précise qui devient de plus en plus nette. Se souvenir c'est reconnaître. Or manifestement reconnaître, c'est comparer un état présent à un état passé, les voir l'un et l'autre simultanément, en faire la synthèse. La simplicité de la pensée où le présent et le passé coïncident n'est donc pas plus entamée par le temps qu'elle n'est divisée par l'étendue. Et il le faut bien, car l'unité est la condition de la pensée.

Posée dans l'espace, en contact avec la matière, la pensée recueille les impressions qui lui arrivent de tous côtés, les coordonne, les ramène à l'unité. La simplicité de l'acte par lequel elle opère cette synthèse, serait mise en péril, si elle était entraînée elle-même dans le flux des phénomènes qui passent. Mais elle domine cette série successive et changeante. Par la perception elle s'élève au-dessus du mouvement, et par le souvenir au-dessus des perceptions. Ce sont deux étapes successives qu'elle parcourt dans sa lutte contre la mobilité qui menace de l'envahir. Elle s'élève ainsi de plus en plus au-dessus du temps.

L'esprit sans doute résiste à cette conclusion. Il se croit le jouet d'un artifice de logique. Il admettrait volontiers que la pensée est plus stable que les phénomènes. Mais pourquoi la rejeter hors du temps? Ne faudrait-il pas y placer aussi tout objet qui reste en repos, tandis qu'en face de lui un autre se meut, ou même tout mouvement opposé à un mouvement plus rapide, en un mot tout ce qui dure? Non. Il y a entre la durée de la pensée et celle d'un objet matériel une différence essentielle. Hors de la pensée, ce qui dure soutient sans doute des relations avec un nombre déterminé de phénomènes qui varient ou qui se meuvent d'une façon continue. Mais ces relations sont successives, et chaque instant les fait changer. Même permanent, un objet matériel n'a jamais devant lui qu'une seule des phases du mouvement. La coexistence de cet objet matériel et de ce phénomène fugitif est toujours réduite au présent. L'immobilité de la pensée au contraire fait face à toute la série successive qui se déroule devant elle. C'est d'un point fixe que l'esprit contemple les choses, et qu'il se fait de leur succession un spectacle unique. Le mouvement s'écoule devant lui, mais ne l'entraîne pas. C'est à ce prix seulement qu'il peut percevoir non pas seulement les choses successives, mais encore la succession, acquérir la notion de passé et le concept de temps.

CONCLUSION

La pensée n'est pas un reflet. — Elle n'est pas un des aspects du mouvement. — Elle a une réalité propre. — Elle est active. — Il faut donc expliquer comment s'exerce son action.

Située hors du temps et de l'espace, la pensée domine donc le mouvement qui s'écoule dans le temps et se déroule dans l'espace. Entre ces deux phénomènes, l'opposition est absolue, ils ne peuvent se confondre, et quelque effort que l'on fasse pour les rapprocher, ils demeurent distincts. Pensée et mouvement ne sont pas deux aspects d'un même phénomène, ce sont deux phénomènes réels au même titre l'un que l'autre. Réels ils doivent être actifs : car, suivant la pensée de Leibnitz, être c'est agir. Si la pensée agit, elle doit agir sur le mouvement, puisqu'elle lui demeure unie ; au mouvement venu du dehors correspond la sensation ; aux désirs et aux actes volontaires succèdent les mouvements musculaires. Cette corrélation suppose entre ces deux termes, pensée et mouvement, action et réaction. Cette conclusion, quelque effort que l'on fasse, on ne peut s'y dérober. Ou la pensée en effet est inactive, ou elle agit. Si elle est inactive c'est un épiphénomène, un reflet, un effet sans cause, un être sans activité qui se pose sur le mouvement sans l'accroître, qui disparaît sans l'amoindrir, qui demeure sans le modifier ou le diriger, phénomène anormal et sans exemple dans la nature, qui n'a de l'être que l'apparence; il n'est pas. Si la pensée agit au contraire, il faudra que son action, d'une manière directe ou indirecte, s'empare du mouvement et lui imprime des directions. On n'a le choix qu'entre ces deux hypothèses, la première, qui annule la pensée, est contradictoire et inacceptable, on est contraint d'accepter la seconde, et dès lors, on est mis en demeure d'expliquer comment s'exerce cette action de la pensée et se transmettent les directions qu'elle imprime.

On peut admettre que la pensée fait varier la quantité d'énergie que contient le monde, ou qu'elle la laisse intacte. Dans le premier cas on nie la loi de la persistance de la force et dans le second on l'accepte. De là deux sortes de systèmes, le système de la contingence, qui, avec la persistance de la force, nie la constance des lois de la nature, et les systèmes de conciliation.

Nous allons les examiner successivement, et nous proposerons ensuite notre solution.

LIVRE II

LE SYSTÈME DE LA CONTINGENCE

LIVRE II

LE SYSTÈME DE LA CONTINGENCE

CHAPITRE PREMIER

EXPOSÉ DU SYSTÈME

I. — Les phénomènes. — Les lois de la nature sont contingentes. — Toute loi est un rapport d'antécédent à conséquent.
Or le rapport d'antécédent à conséquent n'est pas un rapport nécessaire. — L'antécédent est lié au conséquent, non par le principe de causalité, mais par une loi purement expérimentale. — Preuves : 1. Les éléments de cette loi sont tous empruntés à l'expérience. — L'antécédent et le conséquent sont des phénomènes. — Ils n'ont d'autre relation qu'une relation de temps. — 2. Cette loi n'est pas contemporaine de la raison. — Elle est relativement récente. — Elle s'est modifiée et perfectionnée au contact de l'expérience. — 3. Un lien nécessaire répugne à la nature même des phénomènes. — Leur apparition est déterminée par les choses en soi. — Ils sont indépendants les uns des autres. — Leur ordre de succession ne peut être réglé par une loi nécessaire.

II. — Le rapport de l'antécédent au conséquent qui n'est pas nécessaire n'est pas invariable. — 1. Cette invariabilité n'est pas constatée. — Désaccord léger mais constant entre les phénomènes et leur loi. — 2. L'invariabilité non seulement n'est pas constatée, mais elle ne peut pas l'être. — Les phénomènes situés dans l'espace et dans le temps, quantités continues, se dérobent par leur nature même à toute mesure précise. — On ne désignera jamais les points indivisibles qui les limitent dans le temps et dans l'espace. — Ces points n'existent pas.

III. — L'invariabilité qui n'est pas constatée, qui ne peut pas l'être, est, de plus, en elle-même, contradictoire. — Toute succession suppose une différence qualitative, puisque la quantité est constante. — Or deux qualités différentes ne peuvent être équivalentes. — Elles n'ont pas de commune mesure.

IV. — 1. Les choses en soi : Leur existence. — Les phénomènes sont en réalité indépendants les uns des autres. — La cause d'un phénomène est donc hors de la série phénoménale, dans les choses en soi. — En outre un phénomène n'est connu qu'en relation avec un autre. — Il ne serait pas vraiment s'il n'existait pas pour lui-même et si, sous les phénomènes, ne se trouvaient les choses en soi. — 2° Les choses en soi : Leur nature. — Elles sont les causes des phénomènes et leur servent de support. — Elles sont analogues à notre âme. — Ce sont des spontanéités actives qui tendent vers l'idéal. — Dans cette tendance et dans l'élan qu'elle détermine il y a des arrêts momentanés. — Cette immobilité transitoire, analogue à ce que dans l'homme on appelle l'habitude, est le fondement des lois de la nature. — Elles n'enchaînent pas d'une manière définitive les spontanéités actives dont le progrès est toujours possible.

Les systèmes que nous venons d'exposer ne pouvaient manquer d'amener une réaction. On niait la pensée au nom de la persistance de la force et de la nécessité. On a nié non seulement la persistance de la force, mais encore la constance des lois, au profit de la métaphysique et au nom de la pensée. Le système de la nécessité mécanique a engendré par voie de réaction le système de la contingence.

Voici une des formes qu'il a prises. On ne fait pas à la nécessité sa part. Si on lui donne accès dans le monde, elle l'envahit, rien ne se dérobe à son étreinte. Pour l'écarter il faut faire pénétrer partout la spontanéité ou même la liberté. Tout est nécessaire ou tout est libre. Nulle position intermédiaire n'est acceptable. De quel droit en effet dans un monde soumis à la nécessité réserverait-on un lieu qui serait soustrait à son action et qui formerait comme un empire dans un empire. C'est là un système bâtard et une conception arbitraire. La nécessité et la liberté n'admettent pas d'alliance et ne se peuvent concilier. Entre les deux il faut opter.

I. — Or est-il démontré que les lois qui régissent le monde sont des lois nécessaires ? Il ne le semble pas. Toute loi est un rapport d'antécédent à conséquent. Pour que ce rapport fût nécessaire, il faudrait qu'on pût le ramener analytiquement au principe de causalité[1]. C'est ce qu'on ne fera jamais.

1. Le principe de causalité est à priori[2] et par suite nécessaire; cette nécessité n'est pas seulement subjective, elle est encore objective. La loi qui régit les phénomènes au contraire et qui guide la science

1. BOUTROUX. *De la contingence des lois de la nature*, 3ᵉ éd., p. 13 : « Le criterium de la nécessité, etc. »
2. *Ibid.*, p. 20.

dans ses recherches est une loi expérimentale, elle ne peut communiquer aux phénomènes une nécessité qu'elle ne possède pas. Elle est la forme abstraite des rapports que l'expérience nous révèle, que l'observation nous fait constater.

Le sens précis de cette loi en effet est celui-ci : « Tout changement survenant dans les choses est lié invariablement à un autre changement comme à une condition, et non pas à un changement quelconque, mais à un changement déterminé, tel qu'il n'y ait jamais plus dans le conditionné que dans la condition. Or les éléments de ce principe sont tous empruntés à l'expérience [1]. » Le conséquent est un phénomène, l'antécédent lui aussi est phénoménal. Ce n'est pas une cause au sens métaphysique. La cause en effet ne tombe jamais dans le domaine de l'expérience, et les savants n'en ont nul souci, puisqu'elle n'est d'aucun usage; quant au lien qui unit l'antécédent au conséquent, c'est un lien de concomitance ou de séquence, une relation de temps et, à ce titre, il est expérimental.

2. Du reste, si cette loi était un principe à priori, elle aurait, comme les autres principes, été connue dès le premier éveil de la raison, et ne se serait pas surtout modifiée au contact de l'expérience. C'est le contraire qui est arrivé. « L'homme à priori était disposé à admettre des commencements absolus, des

[1]. Boutroux. *Ibid.*, p. 21.

passages du néant à l'être, de l'être au néant, des successions de phénomènes indéterminés. C'est l'expérience qui a dissipé ces préjugés. C'est le progrès de l'observation, de la comparaison, de la réflexion, de l'abstraction, c'est-à-dire de l'expérience interprétée mais non suppléée par l'entendement qui a fait voir qu'un changement n'est jamais quelque chose d'entièrement nouveau, que tout changement est le corrélatif d'un autre changement survenu dans les conditions au sein desquelles il se produit, et que le rapport qui unit tel changement à tel autre est invariable [1]. » Cette loi n'est pas contemporaine de la raison, elle a varié avec le temps, elle doit ses progrès à l'expérience, elle n'est donc pas à priori, ni par suite nécessaire.

3. Il faut ajouter qu'une liaison nécessaire répugne à la nature même des phénomènes, et qu'ils ne peuvent sans contradiction y être soumis. Ils n'existent pas, en effet, en eux-mêmes et pour eux-mêmes. Ils sont les modes des choses en soi, leur sont liés et dépendent d'elles dans leur apparition. C'est par les choses en soi, par les noumènes, que leur ordre de succession est réglé [2]. Il est essentiellement relatif et subordonné et ne peut à aucun titre passer pour nécessaire et pour absolu. La loi qui régit le monde donné est donc bien certainement

---

1. Boutroux. *Ibid.*, p. 21.
2. *Ibid.*, p. 21. « Il est contraire à l'essence des phénomènes, etc. »

une loi contingente puisqu'elle dérive de l'expérience, qu'elle est extraite des phénomènes et que les phénomènes non seulement ne peuvent fournir une loi nécessaire, mais qu'ils ne peuvent même la subir [1].

II. — La loi du monde n'est pas nécessaire. Est-elle, comme la science le prétend, invariable ? Pratiquement cette invariabilité équivaudrait à la nécessité. Pour que la liberté soit rejetée hors du monde, il n'est pas requis qu'il soit soumis à des lois qui ne puissent pas varier, il suffit qu'en fait ces lois ne varient jamais, qu'il soit impossible de modifier la relation d'antécédent à conséquent et l'antécédent lui-même. En outre cette invariabilité se distingue sans doute de la nécessité, mais elle ne l'exclut pas et même elle la fait supposer. « Si les ombres qui passent dans la caverne de Platon se succèdent de telle sorte qu'après les avoir bien observées, on puisse exactement prévoir l'apparition des ombres à venir, c'est qu'apparemment les objets qui les projettent se suivent eux-mêmes dans un ordre invariable [2]. » De même, si l'ordre des phénomènes est constant, l'hypothèse la plus simple est d'admettre que les causes dont ils dépendent sont elles-mêmes liées entre elles de la même manière. Dès lors la

---

1. Boutroux. *Ibid.*, p. 23. « Dans les termes où l'esprit l'imposait aux choses, etc. »
2. *Ibid.*, p. 23.

liberté ne peut intervenir dans la série des phénomènes pour leur imprimer des directions nouvelles et imprévues. Son existence même est compromise, puisque le monde des noumènes où elle devrait trouver place est, lui aussi, selon toute vraisemblance, soumis à la nécessité. « Pour avoir le droit de révoquer en doute la nécessité interne des choses, il faudrait, semble-t-il, pouvoir contester la régularité absolue des phénomènes et établir l'existence d'un désaccord, si petit qu'il fût, entre le postulat de la science et la loi de la réalité[1] ». Peut-on le faire ? C'est douteux. Ce que l'on peut du moins assurer, c'est que l'expérience ne fournit pas à la thèse déterministe de preuve décisive.

1. En fait, les phénomènes qui nous paraissent liés entre eux ne sont jamais rigoureusement conformes à la loi qui les régit. La chaleur, dit-on, se transforme en mouvement et le mouvement en chaleur, ou peut-être le mouvement de translation se transforme en mouvement moléculaire, et le mouvement moléculaire en mouvement de translation. Entre ces deux formes de mouvement, il y a une équivalence parfaite. Mais cette équivalence n'a jamais pu être constatée. A toutes les expériences, l'équivalent mécanique de la chaleur varie. Qu'on attribue ces variations à des causes accidentelles qui ne peuvent toutes, quelques précautions que l'on prenne, être

---

[1]. BOUTROUX, *Ibid.*, p. 24.

écartées, soit. Mais, tant qu'on ne sera pas parvenu à mettre d'accord les phénomènes et leurs lois, on ne pourra dire que ces lois sont invariables, et que leur invariabilité est attestée par l'expérience.

2. Cet accord, nous pouvons dès maintenant prédire qu'il ne sera jamais complet. Pour qu'il le fût, il faudrait connaître l'étendue d'un phénomène et sa durée, prendre la mesure exacte de l'espace qui le contient et du temps dans lequel il se déroule, marquer en un mot, soit dans l'espace soit dans le temps le point précis où il commence et celui où il finit. Or le temps et l'espace sont des choses continues. Les parties qui les divisent sont toujours, quelques réduites qu'elles soient, des portions d'étendue et de durée, étendues elles-mêmes et successives. Elles sont donc toujours divisibles et ne peuvent nous fournir ces points indivisibles entre lesquels les phénomènes sont contenus. Toute mesure précise échappe dès lors nécessairement à nos prises et par suite l'équivalence entre un antécédent et un conséquent n'est jamais rigoureuse, elle ne peut être qu'approximative [1].

III. — On peut aller plus loin et déclarer que cette équivalence, qu'on n'a jamais constatée, que, étant donnée la nature du temps et de l'espace, on ne

---

[1]. Boutroux. *Ibid.*, p. 24. « Jamais on n'atteint le point précis, etc. »

pourra jamais établir, est, si on la considère en elle-même, irréalisable et inintelligible. Quand deux phénomènes se succèdent et qu'ils sont unis par un lien de causalité, on assure qu'il n'y a dans l'effet rien de plus que dans la cause, dans le conditionné rien de plus que dans la condition. Il y a eu passage d'un état à un autre état; mais, sous cette transformation, la quantité d'être est demeurée immuable et, entre ces deux états successifs, l'équivalence est parfaite.

Il est aisé de montrer qu'il n'en est rien. Puisque l'être ne demeure pas immobile, qu'il change, c'est que sans doute les formes qu'il revêt se distinguent les unes des autres, et qu'il y a dans la seconde quelque chose qui ne se trouve pas dans la première. Ce qui a changé ne peut être la quantité qu'on déclare immuable, c'est donc la qualité. Mais, si la qualité varie, si dans le conséquent elle n'est pas la même que dans l'antécédent, il y a là deux formes de l'être hétérogènes [1]. Elles n'ont donc pas de commune mesure, et affirmer que l'une est égale à l'autre, c'est ne pas s'entendre.

Dira-t-on qu'il ne faut pas tenir compte de la qualité qui est variable, mais seulement de la quantité qui, sous ces apparences fugitives, se maintient identique? Mais une quantité qui n'est pas la quan-

---

1. BOUTROUX. *Ibid.*, p. 25. « Elle ne contiendra jamais ce en quoi, etc. »

tité d'une qualité est une quantité abstraite. Ce n'est pas une chose réelle, c'est un concept et il ne nous apprend rien sur la nature des choses. Il est donc impossible d'établir qu'il y a entre un antécédent et un conséquent donné une équivalence parfaite. L'expérience est muette sur ce point, elle ne dit rien qui soit en faveur de cette affirmation catégorique des savants. Et quand on l'interprète sans parti pris, elle paraît nettement se prononcer contre eux.

Il est donc permis de conclure que les phénomènes ne sont pas liés entre eux par une loi nécessaire et absolue. Et la liaison qu'on ne peut affirmer à priori n'est pas établie par les faits. Le monde sans doute ne va pas au hasard. Un regard même superficiel nous permet de constater qu'il est soumis à des lois, mais ces lois n'ont rien de la rigidité et de l'inflexibilité que notre esprit leur prête. Ce ne sont pas des formes de l'être immuables et figées. Elles ne s'opposent pas au changement et n'entravent pas le progrès.

IV. — Si on en restait là, c'est au pur empirisme qu'on aboutirait. La science ne serait sans doute pas impossible, mais ce serait une science problématique qui n'aurait d'autre garantie que l'expérience passée, dont les prévisions, pratiquement utiles, seraient dénuées cependant de valeur absolue. Mais ce n'est là que la partie négative du système. Il y avait un obstacle qui s'opposait à l'intervention de la liberté, une chaîne de fer liait les uns aux autres les phénomènes, qui constituent le monde soumis à notre observation. Cet obstacle est écarté, et cette chaîne brisée. La voie désormais est libre et la spéculation métaphysique peut se donner carrière. C'est à elle que la doctrine de la contingence va demander son explication et son complément [1].

1. Le monde phénoménal ne peut se suffire à lui-même. Les phénomènes qui se succèdent et qui paraissent liés sont en réalité indépendants les uns des autres [2]. Dans quelque sens qu'on dirige ses recherches et si loin qu'on les pousse, on ne peut donc trouver dans la série phénoménale l'explication même partielle d'un phénomène donné. L'expérience ne nous apprend qu'une chose, c'est qu'il paraît constamment après tel autre phénomène. Cette régularité dans la succession n'est pas une explication, c'est une rencontre singulière et en somme un problème nouveau. Cette explication ne peut se trouver que dans l'intérieur de l'être. Sous le phénomène, il y a une cause qui l'amène à l'existence et qui le rend intelligible.

En outre, un phénomène n'est conçu qu'en relation avec un autre. Mais il ne peut pas exister

---

1. BOUTROUX. *Ibid.*, p. 149. « Elle (la doctrine de la contingence) se prête donc à la conception d'une liberté... etc. »
2. BOUTROUX. *Ibid.*, p. 151. Les êtres supérieurs sont « les auteurs immédiats de chaque phénomène exempt en *définitive de toute dépendance*, etc. »

seulement pour autrui. Il ne serait pas véritablement, il n'aurait qu'une ombre d'existence s'il n'existait pour soi, et si en lui-même, indépendamment de tout rapport, il n'était pas. Il y a donc, sous les phénomènes, pour les supporter et pour les produire, des êtres qui ne tombent jamais dans le domaine de l'expérience. Les phénomènes qui nous les révèlent nous les voilent [1].

2. Quelle est leur nature? « Ils entravent ou secondent l'activité de l'âme », ils lui sont donc analogues. Comme l'âme, ils sont doués de spontanéité et portent en eux un idéal qui les sollicite sans cesse et auquel ils tendent. Ils peuvent momentanément résister à cet attrait, s'endormir en quelque sorte. Ils peuvent aussi lui céder, se rapprocher sans cesse de l'idéal. C'est par là qu'on explique et la contingence essentielle de la nature et l'immobilité apparente de ses lois. « La constance des lois a sa raison dans la stabilité inhérente à l'idéal lui-même. L'être tend à s'immobiliser dans la forme qu'il s'est une fois donnée, parce qu'il la voit tout d'abord sous les traits qui participent de l'idéal. Il s'y complaît et tend à y persévérer. C'est ce qu'en l'homme on appelle l'habitude. Elle donne aux êtres inférieurs l'apparence d'un tissu de lois sans vie. Mais l'habitude n'est pas la substitution d'une nécessité substantielle à la spontanéité elle-même.

[1]. Boutroux. *Ibid.*, p. 165, 166.

Celle-ci demeure donc sous les lois auxquelles elle paraît soumise, et peut être sensible à l'attrait d'une beauté et d'une bonté souveraines [1]. »

Les lois sont des moments d'arrêt dans la marche de l'être vers le progrès. Il fait effort pour se dérober à leur étreinte, pour secouer la torpeur qui l'engourdit. C'est la lutte de l'activité contre l'inertie, de l'idée contre la matière. « Le triomphe du beau et du bien ferait disparaître les lois de la nature proprement dites, et les remplacerait par le libre essor des volontés vers la perfection et par la libre hiérarchie des âmes [2]. »

Ce qui gouverne le monde, ce n'est pas une loi abstraite, une nécessité aveugle et fatale, c'est l'idéal vivant et libre. Les vraies causes ne sont pas à la surface de l'être, mais au centre. Entre les phénomènes et Dieu se placent sans doute les spontanéités actives qui constituent les êtres individuels. Mais leur force est empruntée, elles resteraient éternellement immobiles si l'idéal n'éveillait en elles des désirs, ne les attirait puissamment, et si dans cet attrait elles ne trouvaient l'énergie qui leur manque pour se porter en avant. Il ne faut plus dès lors demander comment ces spontanéités et la liberté peuvent faire subitement irruption dans le monde de l'expérience. La série phénoménale, si on l'examine en elle-même, occupe le dernier degré

---

1. Boutroux, 100, 170.
2. Boutroux, 170.

dans l'échelle des êtres ; elle est inerte. Ce n'est pas d'un phénomène à l'autre que le mouvement se propage, il vient tout entier de l'intérieur. Les phénomènes sont le terme dernier d'une action qui est sollicitée par l'idéal et qui jaillit du fond de la réalité vraie, le point précis où cette activité expire. Ils ne peuvent pas plus lui faire obstacle ou la seconder que, dans la caverne de Platon, les ombres ne peuvent entraver la marche ou enchaîner le mouvement des objets dont elles sont la projection.

En résumé, les phénomènes ne sont pas liés entre eux par une loi nécessaire. La loi qui les unit, tirée de l'expérience, est contingente, elle n'est même pas invariable. Cette invariabilité, en fait, n'est pas attestée par l'expérience, et étant donnée la nature du temps et de l'espace, formes des phénomènes, elle ne peut l'être. Bien plus elle est inintelligible, puisqu'elle suppose qu'il y a une équivalence entre des phénomènes qui diffèrent qualitativement et qui ne peuvent avoir de commune mesure. — Donc : 1° les lois ne sont pas nécessaires; 2° on n'a pu et on ne peut pas constater leur invariabilité; 3° cette invariabilité est contradictoire. — Dans leur apparition, les phénomènes dépendent des choses en soi, d'activités analogues à notre âme, spontanées et suspendues à l'idéal. Au fond, ils sont indépendants les uns des autres. Ils paraissent liés, cette liaison n'est qu'apparente. Elle ne peut donc faire obstacle à la liberté et s'opposer à son intervention. Tout vient de la liberté. Les phénomènes ne peuvent lui être une barrière, ils sont le terme de son activité, le point précis où elle expire.

Ce système est une protestation de la métaphysique et même de la conscience morale contre les prétentions d'une science intolérante qui voudrait tout niveler, tout soumettre à la loi du nombre. C'est un retour offensif de l'être vivant et libre contre la loi abstraite, aveugle et fatale. Mais cette revanche audacieuse nous paraît excessive. Il faut sans doute ramener la science sur son terrain et l'y maintenir. Mais le système que nous venons d'examiner va plus loin, il énerverait la recherche scientifique et enlèverait à la science toute certitude. En définitive, il la sacrifie. Ce n'est pas seulement la persistance de la force en effet qui est niée, mais encore la constance des lois. Or si les lois ne sont qu'approximatives, il n'y a plus de science.

CHAPITRE II

CRITIQUE DU SYSTÈME DE LA CONTINGENCE : L'INVARIABILITÉ DES LOIS EST INTELLIGIBLE.

I. — Critique : On ne peut nier la différence qualitative de deux phénomènes successifs. — Et ce qu'il y a de distinctif et de spécifique dans une qualité ne peut être ni mesuré ni désigné par un nombre. — Néanmoins la raison établit a priori qu'il y a des qualités qui sont équivalentes et d'autres qui ne le sont pas. — C'est sur cette distinction que se fonde la hiérarchie des êtres.
II. — L'expérience venant au secours de la raison permet de préciser les rapports d'équivalence et de marquer les phénomènes qui peuvent être liés. — Ce rapport qualitatif peut devenir quantitatif. — La qualité n'est pas qualité pure. — Elle a avec la quantité des relations accidentelles : elle s'étale dans l'espace. — Elle en a aussi d'essentielles : elle a une intensité. — L'intensité se mesure par l'intermédiaire du mouvement. — L'équivalence quantitative entre des phénomènes qui diffèrent qualitativement est donc intelligible.
III. — Elle est rigoureusement mesurable. — Le mouvement se déroule sans doute dans le temps et l'espace. — Et toutes les parties de ces quantités continues, continues elles-mêmes, sont toujours divisibles. — Mais les points qui limitent un mouvement dans le temps et dans l'espace ne sont pas des parties de temps et d'espace. — Ce sont des bornes idéales. — La portion d'espace et de temps occupée par un phénomène est rigoureusement déterminée. — Ce n'est donc pas par leur nature même que les phéno-

mênes se dérobent à la mesure. — Il peut y avoir entre eux des rapports définis et invariables. — Y en a-t-il?

Pour établir le système de la contingence, on a montré d'abord que le lien d'antécédent à conséquent n'était pas nécessaire, puisqu'il n'était pas invariable, enfin qu'il ne pouvait pas l'être. Dans la critique que nous allons entreprendre, nous suivrons l'ordre inverse; nous chercherons d'abord si entre des phénomènes qui diffèrent en qualité, il ne peut pas y avoir de rapports fixes et de proportions définies; si cette relation est intelligible, nous nous demanderons si on peut la connaître par l'expérience ou l'induction. Enfin nous tâcherons d'établir que ce rapport n'est pas seulement invariable, mais nécessaire.

I. — Entre un antécédent et un conséquent qui diffèrent nécessairement en qualité, il ne peut y avoir, dit-on, ni équivalence ni proportion rigoureuse et constatée. C'est ce qu'il faut examiner d'abord. Il y a dans cette assertion deux choses à distinguer: le fait qu'on affirme et la conclusion qu'on en tire. On déclare qu'il y a dans tout conséquent quelque chose qui ne se trouve pas dans l'antécédent, au moins une qualité, et de cette différence on conclut qu'il ne peut y avoir entre l'antécédent et le conséquent ni équivalence ni proportion, qu'elle n'est même pas intelligible. Le fait, pourvu qu'on ne donne pas au mot de qualité une signification trop précise et trop étroite, nous paraît acceptable. La conclusion nous paraît excessive.

Expliquons brièvement ces deux assertions.

Il est certain que la succession suppose la différence et la distinction. Un conséquent qui serait de tous points semblable à son antécédent se confondrait avec lui. Il ne lui serait pas seulement semblable, il lui serait identique. Au sein de l'identique le changement ne se peut glisser ni le mouvement s'introduire. Le changement suppose le passage d'un état à un autre, et, par suite, la différence des deux états qui se succèdent. En quoi consiste cette différence? A quoi se réduit-elle? A très peu de chose, quand les phénomènes qui se succèdent sont des mouvements. Ces mouvements peuvent être de même vitesse et de même direction. Ils ne diffèrent alors l'un de l'autre que par leur position dans l'espace. Celle-ci peut à certains égards passer pour qualitative. C'est une différence légère. Elle ne peut être moindre, elle peut être et elle est habituellement plus considérable. Si tout dans les phénomènes physiques ou chimiques ne se ramène pas au mouvement, il y a dans toute transformation une qualité nouvelle qui apparaît. Le son, la lumière, la chaleur procèdent du mouvement ou se superposent à lui, et de toute synthèse chimique surgissent des qualités nouvelles qui diffèrent des qualités composantes. En outre, et ici on peut parler avec plus d'assurance, la vie se distingue des qualités physico-chimiques, la sensation de la vie, la pensée de la sensation. Au-dessus de la quantité il y a donc la qualité, et c'est par la qualité, si l'on donne à ce terme un sens assez étendu, que toujours le conséquent se distingue de son antécédent.

II. — Cela suffit-il pour qu'on ne puisse entre l'un et l'autre établir ou une équivalence ou une proportion définie? Nous laisserons de côté pour le moment la question de la conservation d'énergie et par suite de l'équivalence absolue entre l'antécédent et le conséquent, question sur laquelle nous aurons l'occasion de revenir plus tard. Nous chercherons seulement si entre l'antécédent et le conséquent il ne peut y avoir de relation fixe, de proportion définie, et par suite de loi constante. Il est bien évident en effet que, si on ne peut déterminer rigoureusement ce qui suivra d'un antécédent posé, les lois ne sont qu'approximatives, la doctrine de la contingence est la vraie, et, par une conséquence immédiate, la loi de la conservation de l'énergie dans le monde est définitivement écartée. La réciproque, sans doute, n'est pas vraie. La constance des lois ne prouve pas la conservation de l'énergie. Mais elle prépare cette démonstration et lui ouvre les voies, on pourra évidemment constater l'équivalence, si on a pu constater la proportion. Le peut-on?

Au premier abord il semble que cela soit impossible et la question ne paraît même pas avoir de sens. Quelle proportion peut-il y avoir entre le mouvement et le son, entre le mouvement et la chaleur, entre le mouvement et la sensation, entre la sensation et la pensée ? Il est évident que si chaleur, son et lumière sont vraiment des qualités distinctes du mouvement, il y a en eux quelque chose de spécifique, qui se dérobe à toute appréciation quantitative. C'est précisément ce qui les distingue et les constitue. Quantité et qualité sont deux catégories qui ne se peuvent confondre et ne se peuvent déterminer l'une par l'autre. Appliquer le nombre à la qualité serait une tentative nécessairement infructueuse, une désignation entièrement arbitraire. Ce nombre n'aurait pas la vertu de transformer la qualité en quantité, il la désignerait seulement et n'aurait pas plus de précision et de netteté que le nom qu'il aurait remplacé. Il y a dans ces mots chaleur, lumière, son, quelque chose de distinctif, dont on éveille l'idée par un nom, mais que le nombre ne peut atteindre.

Mais entre ces qualités ainsi soustraites au nombre ne peut-il pas y avoir de proportion ou de rapport défini ? Ne peut-on pas établir que celles-ci sont équivalentes, que celles-là ne le sont pas ? Est-ce sans fondement qu'on assure qu'il y a entre ces qualités une gradation et une hiérarchie, que la pensée vaut plus que la sensation, la sensation que la vie, la vie que les qualités physico-chimiques, et que par suite il ne peut y avoir de passage de l'une à l'autre, que les qualités physico-chimiques ne peuvent engendrer la vie, ni la vie la pensée ? Non, sans doute. Les démonstrations à priori qui l'établissent nous paraissent rigoureuses. Elles sont pourtant insuffisantes, et, dans la question qui nous occupe, de peu de secours. Elles nous autorisent à élever des barrières entre la pensée et la sensation, entre la vie et les qualités physico-chimiques, et à tracer les limites que, d'un côté comme de l'autre, on ne pourra franchir. Mais en deçà de ces barrières, dans l'enceinte qu'elles bornent et dont elles déterminent les contours, quelles relations s'établissent? Pour engendrer un vivant il faut un vivant, un germe, mais lequel? Les qualités physico-chimiques s'arrêtent sur le seuil de la vie, mais entre elles comment s'allient-elles? Quels effets, quelles qualités dérivées peuvent-elles produire et dans quelles conditions? Sur ce point la raison est muette, l'expérience vient à son secours.

Elle nous révèle l'antécédent suffisant et nécessaire des phénomènes physiques, des combinaisons et des synthèses chimiques. Dans le domaine de la vie elle trace encore des lignes de démarcation et comme de nouvelles frontières moins inviolables, semble-t-il, que celles qui interdisent aux qualités inférieures l'accès de la vie, qu'on peut franchir, mais dont en réalité on ne s'éloigne que très peu, et à l'intérieur desquelles on est toujours ramené. D'une espèce à l'autre, il n'y a pas de communication, du moins de communication durable. Entre espèces voisines on peut établir une union et comme une alliance momentanée. Tôt ou tard elle se rompt, et alors il y a un brusque retour à l'espèce dont on paraissait s'être éloigné. Le rapport et la relation des qualités entre elles devient de plus en plus étroit et déterminé.

Il est encore cependant trop vague et trop incertain. Telle forme de vie est liée à telle forme et n'en peut produire d'autre, telle combinaison est requise pour une synthèse, tel antécédent amène tel conséquent. C'est beaucoup. Mais pour établir qu'il y a des lois stables, qui ne laissent au changement, quelque exigu qu'il soit, aucune place, c'est peu. Le rapport que nous avons constaté est purement qualitatif. Il est par suite, du moins pour nous, sans signification précise et partiellement indéterminé. Ce qui le prouve, c'est que, dans les sciences où l'on ne peut constater que des rapports de cette nature, il n'y a que des lois incertaines ou plutôt vagues, comme celles par exemple qui président à la transmission de la vie. Il serait difficile de dire si, dans un cas particulier, elles ont été violées, et impossible, en s'appuyant sur elles, de rien prévoir. Pour qu'une loi devienne rigoureuse, il faut qu'à des rapports purement qualitatifs on puisse faire succéder des rapports quantitatifs. Ceux-ci ont seuls la netteté et la précision que la science requiert.

— Mais n'avons-nous pas déclaré que c'était impossible, que quantité et qualité étaient deux catégories distinctes qui ne pouvaient ni se confondre ni s'unir? Non. Il y a sans doute dans la qualité quelque chose qui échappe à la détermination quantitative, et c'est précisément ce qui la caractérise. Ce qui distingue la chaleur ou la lumière du son, ce qui fait que l'un n'est pas l'autre ne peut être évidemment indiqué par un nombre. Si une quantité en demeurant constante peut revêtir successivement ces formes, il est difficile de dire s'il y a eu pour elle dans ce changement profit ou perte. En tout cas, ce profit ou cette perte ne relèvent pas de la quantité et sont purement qualitatifs. Mais la qualité une fois donnée, avec son caractère spécifique, pourquoi le nombre ne pourrait-il pas s'y appliquer? S'il ne le pouvait, il faudrait dire que le nombre est un concept abstrait qui n'est d'aucun usage pratique. Sur quoi pourrait-il reposer en effet qui n'ait une nature et par suite une qualité déterminée?

Si toute qualité n'enveloppait que ce caractère spécifique, si elle était qualité pure, elle serait inaccessible au nombre. Mais il n'en est pas toujours ainsi. Il y a des qualités comme la couleur qui s'étalent dans l'espace, dont elles ont toutes les dimensions, longueur, largeur et profondeur. Outre cette forme de la quantité qui leur est accidentelle, elles en ont une autre qui paraît leur être essentielle et qui leur est propre, l'intensité.

L'intensité grandit ou décroît et on la mesure. Ce n'est pas sans difficulté sans doute. Mesurer, c'est voir combien de fois une quantité, prise pour mesuré, est contenue dans une quantité donnée et de même nature. Pour cela, il faut superposer la première à la seconde. Il est évident que quand il s'agit de l'intensité, une pareille superposition est impossible. On est réduit à prendre un détour et à mesurer l'intensité qualitative par le mouvement qu'elle peut imprimer ou qui l'accompagne. Et comme le mouvement se déroule dans l'espace et dans le temps, la quantité intensive se trouve ramenée à la quantité extensive et devient rigoureusement mesurable comme elle. Il peut donc y avoir entre les phénomènes qui se succèdent et qui diffèrent en qualité des rapports définis et des lois fixes. Et puisque le mouvement leur sert de mesure, s'il y a entre eux équivalence, on pourra le constater.

III. — Le mouvement se déroule dans le temps et dans l'espace. Le temps et l'espace se mesurent plus aisément que la qualité. La question que nous examinons a donc fait un pas. Est-elle vraiment résolue ? Non, car le temps et l'espace, quantités continues, se dérobent, nous dit-on, par leur nature même à toute mesure précise. On n'indiquera jamais les points indivisibles qui limitent une portion déterminée du temps et de l'espace. Ces points n'existent pas.

Il faut le reconnaître, l'espace et le temps sont divisibles à l'infini. Si loin qu'on pousse la division, en effet, on n'obtiendra jamais que des portions de temps et d'espace, c'est-à-dire des quantités continues. Il suit de là sans doute qu'on ne pourra jamais assigner une portion de l'espace qui ne soit étendue, ni un moment du temps qui n'enveloppe une succession. Mais les limites d'un phénomène dans l'espace et dans le temps ne sont pas des portions de temps et d'espace. Elles n'ont pas une existence distincte des choses qu'elles limitent. Ce n'est pas une réalité, ce sont les lignes idéales qui contiennent la réalité et qui la déterminent.

Du reste, s'il en était autrement, si les choses étendues ou successives n'occupaient pas une partie d'espace et de temps rigoureusement limitée, elles seraient indéterminées. Or l'indétermination répugne à l'existence.

Ce n'est donc pas par leur nature même que les phénomènes se dérobent à la mesure. La qualité enveloppe quelque chose de quantitatif et les parties de l'espace et du temps qui contiennent les phénomènes ne sont pas nécessairement indéterminées. C'est là une conclusion de la plus haute importance. Si l'indétermination en effet était une des conditions de l'existence, toute enquête ultérieure serait inutile. Il ne faudrait pas s'étonner que les résultats de l'expérience varient sans cesse et qu'ils trompent l'attente et la prévision scientifique. Si tout au contraire est quantitatif, si tout est déterminé rigoureusement, il est possible sans doute qu'il n'y ait pas de lois stables et invariables, il est possible aussi qu'il y en ait. Y en a-t-il? C'est ce qu'il faut demander à l'expérience.

CHAPITRE III

Critique... (*suite*) : L'invariabilité des lois attestée par l'expérience

I. — L'expérience nous fait-elle constater l'invariabilité des lois? — Désaccord à peu près constant entre l'expérience et la théorie, le fait et la loi. — Malgré cela, la foi des savants à la constance des lois est unanime et inébranlable. — La difficulté de démêler les lois ne les fait pas douter un instant. — Elle les anime à la recherche. — Tout fait a sa loi. — Ce n'est qu'en apparence que l'expérience témoigne contre elles. — Une induction légitime nous permet de conclure des lois connues aux lois inconnues. — Fondement de cette induction d'après Taine : De ce que dans certains cas la loi nous échappe nous ne pouvons conclure qu'elle n'existe pas. — La cause de notre ignorance nous est connue. — Les lacunes de la science s'expliquent par ses conditions. Tout fait a sa loi.

II. — De plus toute loi est invariable. — Cette seconde proposition s'établit par le même raisonnement que la première ou par un raisonnement analogue. — De ce que la cause d'une variation, dans des phénomènes liés par une loi, nous échappe, il ne s'ensuit pas que cette cause n'existe pas. — C'est notre ignorance qui nous empêche de rattacher ces variations à leur cause. — La cause de la variation se trouve dans la complexité des phénomènes. — Plus les phénomènes sont simples, plus les lois qui les régissent se rapprochent de l'invariabilité. — Ces causes de variation on les découvre souvent.

L'expérience atteste que tout fait a sa loi et que toute loi est invariable.

I. — Il est certain, et personne ne songe à le contester, dans les sciences expérimentales il y a constamment désaccord entre l'expérience et la théorie, entre le fait et ce qu'on regarde comme le droit. L'écart entre l'un et l'autre peut varier. On peut le restreindre, on ne le fait jamais disparaître. Mais ce qui n'est pas moins certain, c'est que, malgré ces variations incessantes et ces lacunes de l'expérience, la pensée des savants n'éprouve pas un instant de doute ou d'hésitation. Tous croient au déterminisme de la nature, professent que ce déterminisme est absolu et qu'il n'admet pas d'exception. Quelle que soit la science qu'ils cultivent, ils sont unanimes sur ce point. Les chimistes ne pensent pas autrement que les astronomes et les physiologistes sont d'accord avec les uns et avec les autres. C'est cette croyance aux lois immuables de la nature qui a éveillé la recherche scientifique. C'est elle qui la soutient et qui l'anime dans les cas si nombreux où la cause se dérobe et où l'enchevêtrement et l'incohérence apparente des phénomènes tend à suggérer l'idée que le hasard a aussi sa part dans la conduite des choses et que c'est une obstination ridicule de chercher une cause qui n'existe pas et de vouloir trouver un lien entre des faits indépendants les uns des autres. « Il y a un déterminisme absolu, dit Claude Bernard, dans les conditions d'existence des phénomènes naturels, aussi bien pour les corps vivants que pour les corps bruts... La condition d'un phénomène une fois connue et remplie, le phénomène doit se reproduire toujours et nécessairement à la volonté de l'expérimentateur... Si en répétant une expérience, on trouve des résultats discordants, ou même contradictoires, on ne devra jamais admettre des exceptions ou des contradictions réelles, ce qui serait anti-scientifique. On conclura uniquement et nécessairement à des différences de conditions dans les phénomènes, qu'on puisse ou qu'on ne puisse pas les expliquer actuellement... On doit nécessairement admettre que dans les conditions identiques, tout phénomène est identique et qu'aussitôt que les conditions ne sont plus les mêmes, le phénomène cesse d'être identique [1]. » Il serait facile de multiplier les citations, à ce témoignage d'en ajouter d'autres non moins explicites, nous nous contenterons d'apporter celui d'un écrivain, qui a récemment donné une philosophie des sciences, en a groupé les résultats essentiels, et qui avec son opinion nous apporte celle de tous les savants. « La croyance à l'existence des lois, dit-il, au moins de quelques lois est aussi ancienne que l'humanité. Mais elle n'a pas toujours eu le degré de netteté et le caractère de généralité que nous lui voyons aujourd'hui... Même quand l'explication d'un phénomène fait défaut, même quand il revêt des formes singulières et semble

---

1. *Introduction à l'étude de la médecine expérimentale*, p. 115 et suiv.

en contradiction avec des vérités acquises, les esprits scientifiques ne sont jamais tentés d'y voir une dérogation aux lois établies. Ils admettent soit que l'observation a été défectueuse, soit que des causes inconnues, mais parfaitement régulières, ont occasionné l'apparente anomalie [1]. »

L'opinion des savants est donc bien arrêtée. Ils n'admettent pas, même à titre d'exception et d'hypothèse plausible, qu'il pourrait y avoir des régions hors de notre système où les phénomènes se succéderaient à l'aventure, sans liens et sans lois, et par là ils s'opposent nettement à Stuart Mill. Ils rejettent également la théorie que nous examinons ici, et affirment qu'il y a entre l'antécédent et le conséquent un lien réel et que ce lien ne peut se relâcher ou se resserrer au gré du hasard. D'après eux tout phénomène a sa loi et toute loi est absolue, elle n'est jamais violée.

D'où provient cette confiance inébranlable et cette certitude qui se maintient malgré les démentis apparents et continuels de l'expérience? D'un principe à priori sans doute, du principe de causalité qui est à notre insu, et même quand nous le nions, au fond de notre esprit et qui en dirige toutes les démarches, mais aussi de l'expérience.

Ce n'est qu'en apparence qu'elle témoigne contre

---

[1]. DE FREYCINET. *Essais sur la philosophie des sciences*, p. 278.

l'existence des lois et qu'elle est en désaccord avec elles. Elle nous invite en réalité à les concevoir, et si elle ne peut démontrer leur constance et leur invariabilité, elle en fait naître certainement l'idée. Même en l'absence du principe de causalité, ces deux hypothèses qu'elle nous suggère seraient encore les plus plausibles.

Nous avons des motifs pour croire à l'existence des lois et pour autoriser une hypothèse « qui anticipe non seulement sur toute expérience future, mais sur toute expérience possible, et enveloppe dans l'immensité de sa prophétie l'immensité de l'univers. »

Deux séries de cas sont en présence, l'une considérable, composée de tous les faits et lois dont nous savons la raison, l'autre, prodigieusement dispro-proportionnée, infiniment plus grande, puisqu'elle est infinie, et composée de tous les faits et lois dont nous ne savons pas la raison. Ce sont deux indices, l'un positif, l'autre négatif, l'un qui est favorable à notre supposition, l'autre qui semble lui être défavorable. Mais cette défaveur n'est qu'apparente. Car si de ce que nous connaissons la raison d'un fait ou d'une loi, nous pouvons conclure son existence, nous ne pouvons pas de ce que nous l'ignorons, conclure son absence. Cette raison peut exister quoique ignorée, et de fait, si nous regardons le passé de nos sciences, nous trouvons qu'en maintes occasions, quoique ignorée, elle existait. Tous les jours à mesure que la science se précise et s'augments, nous voyons la première série croître aux dépens de la seconde, et l'analogie nous porte à croire que les cas encore compris dans la seconde, sont pareils à ceux qui ont cessé d'y être compris. Plus notre expérience étendue recule notre horizon dans le temps et dans l'espace, plus nous ajoutons à notre trésor de raisons explicatives. Il nous suffit d'examiner l'histoire et la nature de la science expérimentale pour reconnaître que si dans ce trésor il y a eu et il y a encore des vides, ce n'est jamais parce que la raison explicative a manqué ou manque dans les choses, c'est toujours parce qu'elle a manqué ou manque dans notre esprit. Elle existait dans la nature, mais les savants trop peu instruits ne l'y avaient pas découverte. Elle existe aujourd'hui dans la nature, mais nous ne pouvons et nous ne pourrons peut-être jamais l'y démêler. La lacune ne vient pas de son absence, mais de notre ignorance ou de notre impuissance, et la faute n'est pas aux choses mais à nous [1]. » L'univers tout entier est donc gouverné par des lois.

II. — De plus ces lois sont constantes, elles ne varient pas. Un antécédent qui a produit un conséquent déterminé, les mêmes circonstances étant données, le produira encore. Si le conséquent varie, c'est que l'antécédent lui-même, quelles que soient les appa-

---

[1]. TAINE. *De l'Intelligence*, II, p. 440.

rences, a varié. Les circonstances au sein desquelles son action se produit ne sont plus les mêmes. Une cause étrangère agit à ses côtés concurremment avec lui. Isolons en effet par la pensée ces deux phénomènes liés entre eux par une loi. Examinons-les. Quand on pose l'antécédent, le conséquent apparaît et le rapport de ces deux termes demeure sensiblement le même. Les variations de l'un correspondent aux variations de l'autre.

Cette correspondance toutefois n'est pas parfaite. Quand l'antécédent demeure ou paraît demeurer identique, le conséquent se modifie; il grandit ou décroît, comble rarement la mesure qu'on lui avait fixée, sur la foi d'expériences antérieures et n'atteint pas le point auquel on le voulait lier; il oscille légèrement et ne se peut fixer. Il semble donc que si nous voulons interpréter cette expérience, nous devrons dire : il y a une partie de l'effet, du conséquent, qui est déterminée par la cause, l'antécédent, il y en a une autre qui n'est déterminée par rien, qui est sans cause et ne relève que d'elle-même. Le déterminé et l'indéterminé sont unis et demeurent côte à côte dans des proportions variables qu'il est impossible d'indiquer. La loi ne nous révèle pas les vraies démarches de la nature et les formules qui la traduisent n'ont qu'une exactitude relative, elles sont approximatives.

Mais, en réalité, parler ainsi, ce n'est pas interpréter l'expérience, c'est la trahir, et sous prétexte d'exactitude rigoureuse et fidèle, se refuser aux inductions les plus légitimes. Il y a sans doute dans les phénomènes observés deux parts, l'une soumise à la loi et l'autre qui paraît s'y soustraire. Ce sont comme deux expériences simultanées et discordantes, deux témoignages contradictoires; l'un atteste l'existence de la loi, l'autre la nie. Mais ces deux témoignages ont-ils la même valeur? Évidemment non. Le premier se fonde sur une concordance bien établie, constante, le second sur une anomalie partielle, variable. Il y a, dans les phénomènes sur lesquels ils s'appuient, comme deux zones distinctes, prodigieusement disproportionnées comme tout à l'heure, quand nous examinions, avec Taine, l'ensemble des faits et des lois qui constituent le monde. Mais ici la disproportion est en sens inverse. Ce qui témoigne en faveur de la loi, c'est l'ensemble et la presque totalité du couple phénoménal observé. Ce qui témoigne contre elle, c'est une variation légère, insensible et qu'on peut indéfiniment réduire. En outre, le premier de ces témoignages est positif et le second négatif. Nous constatons l'accord de l'antécédent et du conséquent. Nous savons la cause qui amène à l'existence le conséquent. Nous ignorons celle qui détermine la variation. Mais cette ignorance peut ne provenir que des bornes de notre esprit ou de l'insuffisance de nos observations. Elle ne prouve pas que la cause qui nous échappe n'existe pas.

Du reste cette cause ne nous est pas entièrement

inconnue. Les phénomènes, nous le savons, n'apparaissent jamais isolés, ils forment un tout complexe. L'expérience nous apprend que toujours, à côté des causes qui déterminent l'apparition d'un phénomène donné, il y en a d'autres qui agissent simultanément et qui troublent son action. « Les phénomènes, dit M. de Freycinet, ne s'offrent guère à notre examen comme le produit d'une action unique et comme engendrant à leur tour un effet unique. Presque toujours ils résultent de causes multiples et réagissent dans des directions diverses. Nous ne sommes pas en présence de séries linéaires distinctes et facilement discernables, pareilles à des chaînes où chaque anneau se rattacherait exclusivement au précédent et au suivant. Mais les séries s'entrecroisent, chaque anneau se rattache à la fois à plusieurs autres et devient ainsi un centre de convergence et un foyer d'irradiation d'actions nombreuses. L'enchaînement que produirait la cause unique est dès lors très dificile à préciser. Son action est troublée ou masquée par de singuliers mélanges, par ce qu'on pourrait appeler des interférences. La force intérieure développée par la compression d'un gaz ne dépend pas seulement de la réduction du volume, elle dépend aussi de la température. Celle-ci, à son tour, ne dépend pas seulement de la quantité de chaleur fournie par le gaz, mais elle varie suivant que le gaz est voisin ou non de son point de liquéfaction. Plusieurs lois se combinent donc pour déterminer le

phénomène observé, et, en se combinant, elles voilent mutuellement leurs formules respectives. Aussi peut-il être très difficile d'obtenir l'expression vraie de la loi dont on poursuit l'étude. Cette difficulté redouble, quand certaines causes concourantes sont non seulement mal définies, mais ignorées dans leur existence. Le physicien pourrait alors être tenté de renoncer à la solution du problème, s'il n'était soutenu dans sa recherche par la forte conviction que rien ne se passe au hasard et que les apparentes anomalies sont dues à notre défaut de science[1]. »
Il y a donc à côté d'un antécédent quelconque, des causes dont l'action est encore mal définie, ou même des causes inconnues qui agissent en même temps que lui, qui masquent son action et qui l'altèrent. Cela ne suffit-il pas pour expliquer les variations du conséquent et les anomalies apparentes des lois. C'est l'expérience elle-même qui nous apprend que ces variations ont des causes, et qui nous montre la région où elles se trouvent et où il les faut chercher.

Ce qui vient encore à l'appui de cette induction, c'est que plus les phénomènes sont simples et facilement isolés, plus les lois qui les régissent s'approchent de l'invariabilité. Il suffit pour s'en convaincre de comparer les lois mécaniques aux lois physiologiques. Les premières ont une rigueur qui permet de les assimiler aux lois dont l'origine est à

---

1. DE FREYCINET. *Essai sur la philosophie des sciences*, p. 279.

priori. Les secondes au contraire ont été longtemps réfractaires à toute détermination précise, et ont fourni de précieux arguments aux défenseurs d'une spontanéité sans règle. Les unes et les autres sont absolues, mais l'action des premières s'exerce sans obstacle, tandis que celle des dernières est entravée par des causes secondaires avec lesquelles elle se combine pour produire un effet complexe.

Enfin, ces causes auxiliaires dont l'induction nous fait connaître l'existence, l'expérience les fait quelquefois découvrir. Leverrier remarque le mouvement anormal d'une étoile. Il ne s'arrête pas un instant à l'idée que ce mouvement pourrait être fortuit. Il mesure ses déviations et parvient à fixer, à l'aide du calcul, la masse et la position dans le ciel de l'astre qui les détermine. On le découvrit à l'endroit précis qu'il avait marqué. Cette expérience montre bien que les variations de l'effet sont déterminées par la complexité et l'entrecroisement des causes. Elle montre en même temps l'exactitude des lois de l'attraction. La plus légère erreur dans la loi aurait rendu impossible la découverte de Leverrier.

Le témoignage de l'expérience au sujet des lois de la nature ne peut donc passer pour incertain et pour ambigu. Elle ne nous a pas tout révélé et laisse subsister dans notre esprit des obscurités et des ignorances que rien ne parviendra sans doute à dissiper entièrement. Elle est quelquefois muette, mais toutes les fois qu'elle parle d'une manière nette et précise, elle se prononce en faveur des lois. Elle atteste leur existence. Elle atteste aussi leur invariabilité, et nous montre la cause de leurs variations apparentes dans leur complexité. Nous pouvons, semble-t-il, conclure en toute sécurité : la nature est soumise à des lois et ces lois sont invariables.

CHAPITRE IV

Critique... (suite). L'invariabilité des lois repose sur le principe de causalité

I. — Le lien qui unit les phénomènes est un lien de causalité. — Pour que la constance des lois soit mise hors de doute il est nécessaire de prouver que l'antécédent est lié au conséquent par un lien de causalité. — Les preuves apportées pour le nier sont insuffisantes. — Première preuve : Tous les éléments de la loi qui régit les phénomènes sont empruntés à l'expérience. — Réponse : On suppose ce qui est en question à savoir que les phénomènes n'ont d'autre relation qu'une relation de séquence dans le temps. — Deuxième preuve : Cette loi n'est pas contemporaine de la raison, elle a varié au contact de l'expérience. — Réponse : La raison quand elle est parvenue à son plein développement conçoit cette loi, à priori. — Cette loi n'est pas un résultat de la science, elle en est le fondement. — Troisième preuve : Les phénomènes qui dépendent des choses en soi répugnent à une liaison nécessaire. — Pour répondre à cette preuve il faut examiner les fondements métaphysiques du système et montrer qu'au lieu de la repousser, les choses en soi exigent la liaison nécessaire des phénomènes.

II. — Conséquences métaphysiques du système de la contingence. — 1. Relation des phénomènes entre eux. — Les phénomènes sont condition, ils ne sont pas cause. — En réalité ils demeurent indépendants les uns des autres. — 2. Relation des choses en soi avec les phénomènes. — Elles ne peuvent agir sur les phénomènes. — Ceux-ci ne peuvent pas plus subir une action que la produire. — Les choses en soi ne peuvent en outre avoir aucune communication entre elles ni agir les unes sur les autres. — Les phénomènes qui devraient servir d'intermédiaire à leur action leur sont un obstacle infranchissable. — 3. Relation des choses en soi avec l'idéal. — L'idéal ne peut agir sur une spontanéité que par l'intermédiaire d'une idée, d'une image ou d'une représentation quelconque plus ou moins confuse. — Idées et images sont des phénomènes qui ne peuvent transmettre une action.

Le système de la contingence, au lieu de favoriser l'action des spontanéités, les entourerait de barrières infranchissables.

III. — En outre il n'explique pas la constance même apparente des lois. — Ni l'idéal malgré son immobilité, ni la spontanéité malgré sa torpeur n'en rendent raison. — Rien n'explique pourquoi à tel moment, tels phénomènes d'intensités sensiblement égales se succèdent et paraissent liés. — Cette correspondance ne deviendrait intelligible que par l'intervention d'un idéal vivant qui suppléerait toutes les causes et produirait directement leur accord. — C'est un retour à l'harmonie préétablie et le système de la contingence devient inutile.

On a donc eu tort de rompre le lien des phénomènes. — Ils sont unis par un lien de causalité.

IV. — Autre interprétation du système de la contingence : L'antécédent est une condition sans doute, mais la condition est vraiment active. — Les êtres séparés se rejoignent, ils sont unis par une action et une réaction réciproques. — L'unité du monde se reconstitue, mais le système de la contingence est entamé. — Si la condition agit, elle est cause, non pas totale, mais partielle et déterminante. — C'est son intervention qui fait passer la cause principale de la puissance à l'acte. — Cette action de la cause principale est rigoureusement déterminée par le principe de causalité.

La doctrine de la contingence universelle dès maintenant nous paraît compromise. Pour l'établir, il aurait fallu « pouvoir contester l'absolue régularité des phénomènes », et montrer « l'existence d'un désaccord, si petit qu'il soit, entre le postulat de la science et la loi de la réalité. » L'expérience n'en fournit certainement pas le moyen, et il y a quelques raisons d'affirmer qu'elle se prononce en faveur de la thèse contraire. Nous ne pouvons pas sans doute constater directement l'absolue régularité des phénomènes. Ils sont trop complexes, trop difficilement isolés, nos moyens d'observation et nos instruments de mesure trop imparfaits et trop grossiers. Mais tout nous persuade que cette régularité insaisissable existe, et que, si nous parvenions à écarter ce qui la voile, nous pourrions la saisir. C'est là une induction légitime, une opinion fondée. Ce n'est pourtant qu'une opinion. Pour l'ébranler, il suffirait de montrer que l'être qui se cache sous les phénomènes demande la contingence. Pour la confirmer et la transformer en certitude, il faudrait lui donner un fondement indépendant de l'expérience, et établir qu'entre les phénomènes qui se succèdent il y a autre chose qu'une relation de temps, qu'ils sont unis par un lien de véritable causalité.

I. — S'il fallait établir la valeur du principe de causalité, nous ne l'essaierions pas. C'est une tâche où les philosophes les plus ingénieux et les plus subtils ont échoué et nous estimons que le succès n'est pas possible. On ne démontre pas les principes. L'esprit ne peut se mouvoir sans leur secours et sans les tenir pour certains. Qu'il les mette en doute, ce doute, fût-il temporaire, méthodique, artificiel, l'arrête et le condamne à l'immobilité. Mais le principe de causalité n'est pas nié dans le système de la contingence, ni sa valeur contestée. « C'est une synthèse subjectivement et objectivement nécessaire. » C'est par lui que la nécessité pourrait pénétrer dans le monde phénoménal. « Le principe de la liaison nécessaire des choses, la pierre magnétique dont la vertu se transmet à tous les anneaux, ne peut être qu'une synthèse causale à priori..... Le principe de causalité est certainement à priori. Mais ce n'est pas dans ce sens qu'il est impliqué dans la connaissance du monde donné. » Le principe est admis. Son application seule au monde phénoménal est contestée ou plutôt niée. Nous n'avons donc qu'une chose à faire, montrer que cette application est légitime.

Reprenons rapidement les raisons que l'on donne pour chasser le principe de causalité du monde phénoménal.

1. La loi qui régit les phénomènes s'énonce, dit-on, de la manière suivante : « Tout changement survenant dans les choses est lié invariablement à un autre changement comme à une condition, et non pas à un changement quelconque, mais à un changement déterminé, tel qu'il n'y ait jamais plus dans le conditionné que dans les conditions ». Les éléments de ce principe sont-ils bien, comme on le dit, tous empruntés à l'expérience? L'antécédent et le

conséquent, qui sont des phénomènes, sont sans doute des objets d'expérience. En est-il de même du lien qui les unit ? Oui, si entre eux il n'y a, comme on l'affirme qu'une relation de temps. Mais c'est là la question, et c'est justement ce qu'il faudrait prouver.

2. On ne saurait voir une preuve du caractère expérimental de cette loi, dans ce fait qu'elle paraît s'être modifiée au contact de l'expérience. « A priori, dit-on, l'homme était disposé à admettre des commencements absolus, des passages du néant à l'être, et de l'être au néant, des successions de phénomènes indéterminés. C'est l'expérience qui a dissipé ces préjugés. C'est le progrès de l'observation, de la comparaison, de la réflexion et de l'abstraction, c'est-à-dire de l'expérience interprétée, mais non suppléée, par l'entendement, qui a fait voir qu'un changement n'est jamais quelque chose d'entièrement nouveau, que tout changement est le corrélatif d'un autre changement survenu dans les conditions au milieu desquelles il se produit, et que le rapport qui unit tel changement à tel autre est invariable. » A cette histoire sommaire du principe de causalité, il serait facile d'en opposer une autre entièrement contraire. Elle serait également contestable. Les notions qui s'agitaient dans le cerveau de l'humanité encore en enfance, nous sont imparfaitement connues. Elles étaient de plus vraisemblablement très confuses, et cette confusion prêterait à des interprétations diverses.

Mais, et ceci n'est pas sujet à contestation, quand l'homme est parvenu à un degré de réflexion assez avancé pour que ses concepts soient clairs, il sait, sans avoir recours à l'expérience, que l'être ne sort pas du néant, que par suite et par une conséquence immédiate, il n'y a rien dans l'effet qui n'ait sa raison dans la cause. Il faut ajouter qu'il est incapable, quelque effort qu'il fasse, de concevoir le contraire. Il faut remarquer, en outre, que la foi anime des savants à l'universalité et à la constance des lois, si elle procédait de l'expérience, serait sans fondement suffisant. Que sont les lois qu'ils connaissent en comparaison de celles qu'ils ignorent? Et celles mêmes qu'ils connaissent et que l'expérience leur a fait découvrir, quelles raisons valables ont-ils d'affirmer qu'elles sont invariables et que les phénomènes sont liés par des liens que le temps ne peut rompre. Si leur foi est inébranlable, c'est qu'elle n'est pas le résultat de l'expérience ni le fruit de la science déjà acquise. Elle en est au contraire la cause. C'est parce que les savants ont cru aux lois qu'ils les ont cherchées, et qu'ils sont enfin parvenus à les découvrir.

3. Il serait dès lors étrange qu'on pût affirmer que la nécessité répugne à la nature même des phénomènes. Nous accordons sans doute que dans leur apparition ils dépendent des choses en soi. Mais nous ne pouvons voir là un obstacle à leur liaison nécessaire. Ceci nous conduit à examiner le fonde-

ment métaphysique du système de la contingence. Si ce système pouvait seul expliquer le libre développement des âmes et l'action de la liberté, il le faudrait admettre. Mais si, au contraire, en déliant les phénomènes de tout lien de causalité on leur enlève toute action, si par les phénomènes désormais inertes on entrave et on enchaîne l'activité des choses en soi et si l'on rend inexplicable la constance même apparente des lois, il faudra bien conclure que c'est à tort qu'on a chassé la causalité du monde phénoménal et nous serons autorisés à l'y réintégrer.

II. — Et d'abord dans ce système l'activité intérieure de l'être est abolie.

Dans la série phénoménale qui se déroule sous nos regards et qui nous est seule accessible, il n'y a ni cause ni effet, mais seulement des conditions et des conditionnés. La cause se distingue de la condition, et entre elles la différence est profonde. La cause est active, vraiment génératrice. La condition est inerte, en réalité elle ne produit rien. Elle précède le conditionné, elle n'agit pas sur lui. Elle ne peut ni l'amener à l'existence, ni le modifier, elle n'a avec lui qu'une relation de temps. En outre, la cause ne tombe jamais dans le domaine de l'expérience, elle se cache sous les phénomènes, c'est un noumène. La condition, au contraire, est toujours un phénomène, on la connaît directement, on la mesure. C'est elle qui est l'objet de l'enquête scientifique, et que, dans les sciences, mais à tort, on décore du nom de cause. Cause, un phénomène par sa nature répugne à l'être, et par suite dans le monde phénoménal le principe de causalité ne peut trouver d'application. « Dans les termes où l'esprit l'imposerait aux choses, l'être donné, c'est-à-dire les phénomènes, ne saurait le réaliser [1] ». Il n'y a donc dans le monde donné, dans le domaine de l'expérience que des phénomènes. Le phénomène n'est jamais une cause, il n'est et ne peut être qu'une condition, toute condition est inactive et n'a avec le conditionné qu'une relation de temps.

1. Ces deux dernières propositions sont grosses de conséquences. Elles entraînent fatalement la ruine du système. Si la condition est inactive, si elle ne produit rien, les phénomènes sont sans relation réelle entre eux. Ils sont en réalité indépendants les uns des autres [2]. Et comme cette inaction n'est pas accidentelle au phénomène, qu'elle lui est au contraire essentielle et lui vient de ce qu'il est phénomène, ce ne sont pas seulement les phénomènes soumis à notre observation et qui tombent sous nos sens qui sont ainsi indépendants, séparés quoique contigus, mais tous les phénomènes quels qu'ils soient, où qu'ils soient, fussent-ils éternellement par leur nature ou leur position placés hors de nos

---

1. BOUTROUX. *Ibid.* p. 21.
2. BOUTROUX. *Ibid.* p. 151.

prises. Et si les phénomènes sont ainsi séparés, isolés, c'est l'être lui-même qui dans son fond va se trouver sans contact avec tout ce qui l'entoure et réduit à l'inaction.

Un phénomène n'a rien à recevoir des phénomènes qui le précèdent dans le temps ou qui l'environnent dans l'espace. Ce n'est pas parce qu'on a approché un charbon embrasé de la lumière d'un canon chargé qu'une explosion se produit, pas plus que la plante ne vit parce que l'atmosphère ou le sol contiennent ce qui est nécessaire à sa respiration ou à sa nourriture. La poudre fait explosion en vertu d'une force intérieure qui tend à se dilater, et la vie ne se maintient que par l'action d'une cause suprasensible qui n'emprunte rien au dehors et ne doit rien qu'à elle-même. Autour des êtres, quelle que soit leur nature, qu'ils soient inertes ou vivants, circule une ligne frontière qui les limite et les contient, qu'ils ne franchissent jamais. Entre leurs actes, il y a une corrélation qu'il faudra expliquer. Ils se correspondent deux à deux, ils paraissent agir et réagir, cette action et cette réaction ne sont qu'apparentes.

2. En outre, tout être est complexe. Les parties qui le composent sont-elles seulement voisines et juxtaposées? Quelle force les maintient en cet état? Prenons par exemple un être vivant. Quelle que soit son immobilité apparente, en réalité, il se meut sans cesse. La vie ne dure et ne se maintient que par un mouvement continu, elle résulte de combinaisons chimiques

ininterrompues. Ce mouvement intérieur est dirigé dans un sens unique, il tend à l'entretien de la vie. Il y a là une résultante qui ne varie pas. D'où provient-elle? D'où provient la combustion incessante qui est la condition de la vie? Pourquoi, au lieu de la détruire, l'alimente-t-elle? Les combinaisons chimiques sont apparentes. Les éléments simples, hydrogène, oxygène, carbone et azote, n'agissent pas les uns sur les autres. Ce sont des phénomènes, et à ce titre ils sont inactifs. Ils ne reçoivent rien que de l'être intérieur qu'ils voilent et manifestent. En réalité, une combinaison est un phénomène complexe auquel concourent des phénomènes plus simples. Mais ce concours ne suppose aucun lien entre ces phénomènes, et la combinaison qu'ils produisent n'est qu'un faisceau accidentel, le point de coïncidence d'actions intérieures et cachées. Qu'est-ce qui concentre toutes ces actions et les fait servir à un but unique? Le principe vital, c'est-à-dire un être analogue à l'âme humaine qui utilise les forces de la nature, pour réaliser un idéal? Mais, comment et sur quoi son action peut-elle s'exercer? Sur les éléments simples? Ce sont des phénomènes, et puisqu'ils ne peuvent agir, ils ne peuvent subir une action. Sur l'être caché que ces phénomènes manifestent? Mais par où le principe vital le pourrait-il aborder? et comment s'emparerait-il de ses forces actives? Ce contact, de quelque nature qu'il soit, cette action, en quelque endroit qu'elle se cache et qu'elle se dérobe à nos prises, enveloppe certainement quelque chose de phénoménal et donc doit être sans efficacité. Elle pourrait être une condition, elle n'est pas une cause. Dès lors l'unité de l'être vivant est menacée, les parties qui le composent sont entre elles sans relation réelle, et le principe qui, au sein de cette multiplicité, devrait produire l'unité, se trouve refoulé sur lui-même. L'acte qui lui permettrait de répandre et de communiquer à ce qui l'environne son activité, ne peut lui servir d'intermédiaire. Au lieu d'être un canal par où sa force peut s'épancher, c'est une barrière infranchissable qui l'enferme en lui-même, et ne lui laisse aucune issue. Tout acte est un phénomène et un phénomène ne peut agir.

3. Est-ce tout? et cette activité solitaire que les êtres désormais isolés ne peuvent dépenser qu'à leur profit, est-elle intelligible? Qu'est-ce qui les sollicite à l'action et les met en branle? L'idéal qu'ils portent en eux? mais pour entendre l'influence que cet idéal exerce, il faudrait pouvoir s'en faire une idée et savoir sous quelle forme elle se manifeste. Pour qu'il agisse, non par une impulsion aveugle, mais par un attrait, il faut qu'il soit connu, qu'il existe dans l'être, qui subit son action, sous forme d'idée ou d'image. Or l'idée et l'image sont certainement des phénomènes. On ne peut sans inconséquence leur accorder une activité, les transformer en causes. Ce n'est donc pas par l'attrait de l'idéal que l'être peut être mis en mouvement et que ses énergies latentes sont tirées de

leur sommeil, et comme, par ailleurs, il est soustrait à toute excitation extérieure, ne devrons-nous pas conclure que rien ne pourra le déterminer à agir ? La théorie de la contingence qui devait favoriser le libre déploiement des forces intérieures de l'être introduirait au contraire partout l'inertie et la mort. Loin d'être la seule à expliquer l'activité, elle la rend inintelligible.

III. — De plus le fondement qu'elle donne à la loi est insuffisant. « La constance des lois a sa raison dans la stabilité inhérente à l'idéal lui-même... L'être tend à s'immobiliser dans la forme qu'il s'est une fois donnée, parce qu'il la voit sous les traits qui participent de l'idéal. Il s'y complaît et tend à y persévérer. C'est ce que dans l'homme on appelle l'habitude ([1]). » Il y a là deux causes qui agissent dans le même sens : L'idéal et l'activité de l'être. L'une et l'autre devraient produire un effort perpétuel de l'être pour se dépasser lui-même, puisqu'il y a dans l'idéal une perfection dont on peut se rapprocher toujours sans jamais l'atteindre, et dans l'être, une source d'activité qui ne s'épuise jamais. Si, au lieu de ce changement incessant qu'elles devraient produire, elles fondent l'immutabilité relative et la constance apparente des lois, c'est par accident. Quoique parfait, l'idéal est immuable, et quoique actif, l'être a une ten-

---

1. Boutroux, p. 169.

dance à la torpeur. C'est pour cela qu'il s'endort en quelque sorte, et « s'immobilise dans la forme qu'il s'est une fois donnée » jusqu'à ce qu'il soit tiré de ce sommeil « par l'attrait d'une beauté et d'une bonté supérieures. »

Cela suffit-il pour fonder la constance momentanée de la loi et la relation même contingente, même partiellement variable de la condition au conditionné, de l'antécédent au conséquent? Il ne le semble pas. Il n'y a en effet entre les phénomènes d'autre relation que des relations de temps. Ils sont simultanés ou successifs, mais de l'un à l'autre il n'y a ni action ni réaction. Ils procèdent immédiatement de la force intérieure de l'être, et celle-ci, déliée de toute attache, de tout contact avec tout ce qui l'entoure, ne s'ébranle que sous l'attrait de l'idéal. On peut se demander alors pourquoi les phénomènes se correspondent et pourquoi il y a dans ce monde même une apparence d'ordre. Sans doute tous les êtres sont sollicités par l'idéal et la perfection qu'à travers cet idéal, ils entrevoient ou pressentent. Mais cette tendance fondamentale et commune ne peut nous donner l'espérance qu'à un moment quelconque, il se trouvera deux phénomènes pour se correspondre et former un couple lié par une loi. L'eau entre en ébullition à cent degrés. Pourquoi entre une certaine température et l'ébullition de l'eau y a-t-il une relation constante? Pourquoi le premier phénomène est-il infailliblement suivi du second? Indépendants l'un de l'autre, ces phénomènes sont produits par des causes cachées. Qu'est-ce donc qui détermine leur apparition simultanée? Pour en rendre raison, il faudrait expliquer pourquoi la cause agit à cet instant précis, et en outre pourquoi elle produit telle quantité d'effet. Et comme cette explication ne peut se trouver ni dans l'antécédent qui est un phénomène, ni dans l'idéal qui est immobile et dont l'action est immuable, il faut nécessairement la chercher dans la spontanéité de l'être. Mais celle-ci est aveugle ou du moins inintelligente. Elle est incapable de choix, ses déterminations ne relèvent que du hasard. C'est donc en définitive sur le hasard qu'est fondée l'harmonie du monde et que repose la loi. Elle résulte de la rencontre fortuite et de l'accord accidentel de spontanéités qui s'ignorent les unes les autres, et qui, suspendues à un idéal dont elles subissent fatalement, l'attrait lui cèdent pourtant ou lui résistent, sans jamais rompre le lien tout à la fois irréel et fortuit qui les unit.

Pour que cette théorie devienne acceptable et la loi intelligible, il faudrait que la perfection à laquelle tous les êtres sont suspendus ne fût pas seulement idéale, mais réelle et vivante. Il faudrait en outre qu'elle ne fût pas seulement cause finale, mais encore cause efficiente. Il faudrait qu'elle eût déposé dans ces spontanéités qui constituent le monde une quantité déterminée de forces, qu'elle en eût marqué l'emploi et qu'elle eût fixé le moment précis où elles devaient se dépenser. Procédant alors de la souveraine sagesse et de la perfection absolue, l'harmonie deviendrait intelligible, ce serait une harmonie préétablie.

S'il en venait là et si non seulement il remettait aux mains de Dieu la conduite du monde, mais s'il faisait de lui le lien universel des êtres et la seule cause vraiment active, le système de la contingence deviendrait inutile. Même dans un monde soumis à des lois immuables, en effet, Dieu peut faire une place à la liberté. Et c'est pour mettre d'accord la rigidité mathématique des lois naturelles et la flexibilité de la vie, de la pensée et de la liberté que le système de l'harmonie préétablie a été imaginé.

C'est donc à tort qu'on a supprimé tout lien de causalité entre les phénomènes. Par cette suppression, c'est l'être lui-même qu'on atteint, son activité qu'on entrave, son accord avec le monde dont il est une partie qu'on rend inexplicable. Pour qu'elle soit intelligible, il faut que l'harmonie qui unit les êtres, sans relation réelle entre eux, soit maintenue par l'action régulatrice de Dieu, qu'elle soit une harmonie préétablie, et alors la théorie elle-même de la contingence universelle devient inutile.

IV. — Mais peut-être l'avons-nous mal entendue. L'antécédent n'est pas une cause sans doute, mais il est une condition. Il n'est pas une activité créatrice qui amène à l'existence le conséquent. Il n'est pourtant pas sans influence sur son apparition. Par sa présence, il détermine l'action des vraies causes. De plus les spontanéités actives ne sont séparées ni de la série phénoménale, ni des autres spontanéités. « La liberté, en effet, descend des régions supra-sensibles pour venir se mêler aux phénomènes, et les diriger dans des sens imprévus... L'intervention des spontanéités supérieures... peut tirer de leur torpeur les créatures les plus imparfaites et exciter leur puissance d'action. » L'unité du monde alors se reconstitue, non plus seulement parce que toutes ses parties se dirigent vers le même terme et subissent le même attrait, mais encore parce qu'elles sont unies par les liens d'une action et d'une réaction réciproques. L'unité est retrouvée et reconquise. Mais le système de la contingence est entamé.

On est d'abord obligé de reconnaître que l'antécédent est vraiment une cause, puisqu'il a sur l'apparition du conséquent une influence réelle et directe. Il n'est sans doute qu'une cause partielle, et ce qui lui revient dans l'effet produit est peu de chose. Mais ce peu, quelque réduit qu'il soit, est réel et de plus décisif. C'est lui qui détermine la production de l'effet. Ce n'est pas sans doute une étincelle qui chasse avec force le boulet de ce canon chargé, ni le contact d'une vibration lumineuse avec mon œil qui produit la vision. Il y a dans ce canon une force d'expansion, et dans mon œil une puissance active, et ce sont là les vraies causes. Mais pour produire leur effet, il faut que ces forces se détendent subitement, que cette puissance soit sollicitée à l'acte. L'étincelle provoque cette détente et la vibration lumineuse éveille la vision. L'une et l'autre sont vraiment actives, et sans leur intervention l'effet ne se produirait pas. Entre l'antécédent et le conséquent il y a donc une dépendance et un lien de causalité. Le premier amène fatalement l'apparition du second. L'action de l'un est un appel auquel l'autre ne peut pas ne pas répondre.

Cette réponse qu'il est contraint de donner est-elle variable? Et un effet quelconque peut-il suivre un antécédent déterminé? Oui, si la cause dont l'action est sollicitée par l'antécédent peut réserver ou dépenser, à son gré, la force dont elle dispose. Mais pour être ainsi maîtresse d'elle-même, il faudrait qu'elle fût capable de choix et douée de libre-arbitre. En dehors de la liberté, la contingence dans l'activité de la cause devient inintelligible. On ne peut lui assigner de raison suffisante. On ne comprendra jamais que, soumise aux mêmes impulsions ou aux mêmes sollicitations extérieures, une cause identique à elle-même, de plus inintelligente et par suite incapable de choix, puisse varier les manifestations de son activité et trouver une raison de changement dans un idéal qui lui est toujours présent et qui est immuable.

Il n'y a de contingence que dans la liberté. La lumière intellectuelle qui l'accompagne donne tout à la fois un fondement à son indépendance et une raison à ses déterminations. Au-dessous d'elle tout est fatal. Tout, depuis le mouvement mécanique jusqu'aux actes que provoque, dirige et coordonne l'instinct, et qui sont pénétrés de finalité, tout est rigoureusement déterminé. Le conséquent est lié à l'antécédent par une chaîne qui ne se rompt ni ne fléchit.

CONCLUSION

Quelque parti que l'on prenne, il faut avouer que le lien qui unit les phénomènes et qui constitue la loi est un lien de causalité. — Dans la succession des phénomènes il n'y a pas place pour la contingence.

Le lien qui unit le conséquent à l'antécédent et qui constitue la loi est un lien nécessaire. Cette liaison, nous l'avons montré, est intelligible. Il peut y avoir entre deux phénomènes successifs qui diffèrent en qualité des rapports fixes; ces rapports, quoique le caractère spécifique de la qualité échappe à toute mesure, peuvent devenir des rapports quantitatifs. Il peut y avoir entre l'antécédent et le conséquent des équivalences rigoureusement déterminées.

Elles ne sont pas seulement possibles, elles sont réelles. L'expérience les constate. Sans doute entre l'expérience et la théorie, le fait et la loi, il y a un désaccord léger, qu'on peut indéfiniment réduire, mais constant. Ce serait pourtant trahir l'expérience, au lieu de l'interpréter, que d'en conclure que les phénomènes sont en eux-mêmes indéterminés, et qu'il y a dans leur succession place pour la contingence. Tout nous invite, au contraire, à admettre qu'il n'y a pas de phénomène sans loi. Nulle expérience positive n'infirme cette conclusion, toutes la confirment. Elles témoignent aussi en faveur de la constance des lois et de leur invariabilité. A mesure que la science progresse, que les instruments d'observation se perfectionnent, que les couples de phénomènes liés entre eux sont mieux mis à l'abri de l'intervention des causes étrangères et perturbatrices, la part laissée à l'indétermination se restreint. Nous sommes donc autorisés à croire que, dans la réalité, elle est non pas infinitésimale mais nulle. Cette induction, quoique légitime, nous donnerait pourtant plutôt des vraisemblances que des certitudes, si on parvenait à établir que la loi du monde phénoménal est une loi empirique et non un principe à priori, le principe de causalité. Mais cette démonstration n'est pas faite. On peut être assuré qu'on ne la fera pas.

Si les phénomènes pouvaient être détachés les uns des autres et devenir indépendants, les conséquences en seraient désastreuses. L'activité de l'être se heurtant de tous côtés à des barrières infranchissables serait refoulée sur elle-même et annulée, les lois deviendraient inintelligibles, et l'unité du monde serait rompue. Les choses en soi en effet n'agiraient ni sur les phénomènes, qui ne peuvent sans doute pas plus subir une action que la produire, ni sur les choses en soi, puisque l'activité ne se peut transmettre que par une action, et que l'action étant phénoménale est nécessairement inactive et inefficace. Les êtres, comme les phénomènes, étant séparés les uns des autres, comment se peut maintenir l'unité du monde et s'entendre la constance même approximative et apparente des lois? N'est-on pas amené à la déclarer fortuite?

Et si nous avons mal entendu le système de la contingence, si les phénomènes ne sont pas indépendants mais liés, si la condition est active, nous verrons aussitôt la causalité du fond de l'être où on l'avait reléguée, remonter à la surface. Quelque parti que l'on prenne, on se trouve contraint d'avouer que le lien qui unit les phénomènes est un lien de causalité, et dès lors il n'y a dans leur succession aucune place pour la contingence.

LIVRE III

LES SYSTÈMES DE CONCILIATION

LIVRE III

LES SYSTÈMES DE CONCILIATION

CHAPITRE PREMIER

Les systèmes métaphysiques

Systèmes métaphysiques. — Leibnitz et Malebranche : Le corps et l'esprit sont en réalité indépendants l'un de l'autre. — Critique : Des deux parties qui composent le monde, l'une est inutile. — Leur accord est inexplicable. — L'explication de Leibnitz et celle de Malebranche au fond sont identiques. — Dans l'une et dans l'autre c'est Dieu qui unit directement le corps à l'esprit. — Cette explication est trop générale et par suite insuffisante. — Et, ce qui est plus grave, elle postule ce qu'il faudrait prouver, à savoir, que la pensée peut diriger les mouvements.

Les lois du monde ne sont pas contingentes. Le principe de causalité lie le conséquent à l'antécédent. De plus, comme les savants sont unanimes à l'admettre et comme nous le montrerons plus bas, la quantité d'énergie que contient le monde ne varie pas. On a essayé de concilier avec cette nécessité mécanique qui semble devoir enchaîner les manifestations de la vie et même de la liberté, le libre mouvement des âmes. De là deux sortes de solutions, les solutions métaphysiques et les solutions mécaniques. Après avoir rappelé sommairement les premières, nous examinerons en détail les secondes.

Pour expliquer l'accord de la pensée et du mouvement régi par les lois mécaniques, on pourrait dire avec Leibnitz que, de même qu'un mouvement ne produit que du mouvement, la pensée ne suscite que la pensée; que les deux séries qui se forment ainsi se développent l'une et l'autre en vertu d'une force interne, mais que de l'une à l'autre il n'y a pas de passage, et que par suite il n'y a entre elles ni échange d'activité, ni influence réciproque. Les mouvements se déroulent comme si la pensée n'existait pas, les pensées se succèdent comme s'il n'y avait pas de mouvement.

Mais cette théorie conduit manifestement à des conséquences inacceptables. « S'il est vrai, comme l'a dit Leibnitz, que tout se passe dans les âmes comme s'il n'y avait pas de corps et que tout se passe dans les corps comme s'il n'y avait pas d'âme, ne s'ensuit-il pas que tout l'univers des corps pourrait être soudainement détruit sans que nous nous en apercevions? Ainsi, qu'il plaise à Dieu d'anéantir le monde sauf une monade, cette monade persisterait à elle seule à être l'univers tout entier. Mais alors à quoi bon un univers, et pourquoi supposer qu'il existe autre chose que cette monade unique [1]? » Des deux parties qui composent le monde, l'une au moins serait inutile.

De plus on ne pourrait expliquer leur accord. On ne saurait l'attribuer au hasard. Il faut lui chercher une cause active et vraiment efficace. S'il est admis que cette cause ne peut se trouver dans les deux termes qu'il s'agit de maintenir en harmonie, on devra recourir à un intermédiaire. Il est évident qu'on n'en trouvera pas d'autre que Dieu. Que, comme le veut Malebranche, dans le monde sorti de ses mains, Dieu soit réduit au rôle de surveillant inquiet et d'agent de transmission, qu'il agisse sans cesse pour avertir l'âme de ce qui se passe dans le corps et produire dans le corps des impressions et des mouvements qui correspondent à ceux de l'âme; ou que, comme dans le système de Leibnitz, par un acte de volonté unique, antérieur au temps, il ait réglé les mouvements des corps comme le libre développement des âmes, et produit par ce décret une entente que rien ne saurait troubler, c'est toujours lui qui agit. Son action, si on la pose à l'origine des choses, peut paraître moins présente, elle n'en est pas moins réelle et son efficacité se fait sentir sur tous les points de l'espace et à tous les moments du temps. Si on allait au fond de

---

1. JANET. *La philosophie française contemporaine*, p. 396.

ces deux systèmes, on verrait qu'ils se confondent. Dans l'un, il semble que Dieu n'agit que par des actes particuliers et successifs, et dans l'autre qu'il produit tout par une décision unique. Mais Malebranche admet que Dieu agit toujours par les lois générales, auxquelles il subordonne son action particulière, et Leibnitz reconnaîtrait volontiers que le décret divin d'où l'évolution du monde procède serait caduc, s'il n'était maintenu par une volonté positive, et qu'il serait sans effet, s'il n'était soutenu par une activité éternelle sans doute, mais qui agit sur chacun des points de la durée. Dans les deux systèmes, c'est Dieu qui produit directement l'accord.

Sans traiter ces vastes hypothèses, comme on le fait quelquefois, d'aventures métaphysiques, il faut avouer cependant que la réponse qu'elles fournissent est trop générale. Pour quiconque admet l'existence de Dieu, c'est en Dieu, en dernière analyse, que se trouve la raison de tout et l'explication universelle, et recourir à lui pour résoudre une difficulté particulière, c'est faire œuvre peu scientifique. Ce sont les causes prochaines que recherche la science et qu'il faut découvrir.

Il faut ajouter que cette solution trop générale enveloppe une pétition de principe. Elle suppose que la pensée divine agit sur le mécanisme et dirige le mouvement. Cette action est donc intelligible. Pourquoi l'homme ne la pourrait-il exercer? Dieu est sans doute au-dessus de l'homme, mais il n'est pas au-dessus des lois essentielles des choses. Et le contradictoire lui est impossible comme à nous. S'il agit par sa pensée sur le mouvement, il faut dire pourquoi l'homme ne le peut faire. Et cette question resterait vraisemblablement sans réponse. Cette solution ouvre la voie à une enquête ultérieure, et nous invite à chercher un système qui permette de concilier l'activité réelle de la pensée avec la persistance de la force.

CHAPITRE II

Les solutions mathématiques : M. de Saint-Venant

I. — Système de M. de Saint-Venant : Un mécanisme peut être si parfait qu'une impulsion très légère suffit à le mettre en mouvement. — Il n'y a pas de limite assignable à la perfection d'un mécanisme ni à la réduction de la force qui doit le mettre en branle. — On peut supposer qu'on parviendra à rendre cette force nulle. — Les organismes vivants sont parfaits. — Ils peuvent être mus par une force nulle.

II. — Critique : Il est douteux que les procédés du calcul infinitésimal, sur lesquels on se fonde, permettent de réduire à zéro la force nécessaire pour mettre en branle un mécanisme même parfait. — Si l'intervention d'une force nulle était suffisante pour produire un tel résultat, l'action de la liberté, au lieu d'être toute-puissante, deviendrait inutile. — Si la force qui doit « décrocher » les mouvements n'est pas nulle, mais infiniment petite, on viole, en la faisant intervenir, le principe de la conservation de l'énergie qu'on voulait sauvegarder.

III. — En outre, cette force ne peut pas être infiniment petite, ni l'organisme tel qu'il le faudrait pour se prêter à cette action. — Cette force n'est pas infiniment petite. — Il ne suffit pas qu'elle décroche le mouvement pour qu'un acte si complexe que l'est un acte libre s'accomplisse. — Il faut qu'elle accompagne le mouvement et que son action soit continue comme le mouvement lui-même.

IV. — L'organisme ne peut être tel qu'il le faudrait pour se prêter à cette action. — Pour s'ébranler sous une impulsion aussi légère, les forces de l'organisme devraient être dans un état d'équilibre instable. — Elles seraient alors à la merci du hasard, prêtes à se mettre en mouvement au moindre souffle. — Elles seraient dans une agitation perpétuelle et se déroberaient sûrement à la direction de la volonté. — A moins que la volonté ne soit chargée tout à la fois de les contenir et de les décrocher ; — mais pour remplir ce double rôle elle devrait avoir à sa disposition une quantité d'énergie tout à la fois en raison inverse et en raison directe des forces qu'elle serait chargée, suivant l'occasion, de décrocher ou de contenir. — Ce système annule l'action de la liberté.

Abordons les solutions mathématiques. Leur but commun est de résoudre mécaniquement une difficulté de mécanique. Voyons d'abord le système de M. de Saint-Venant, dont nous empruntons l'exposé à M. Boussinesq.

I. — « M. de Saint-Venant, dit-il, réduit dès l'abord l'effort mécanique de la volonté à un très petit travail, auquel il donne le nom de travail décrochant, parce qu'il le compare à celui de l'ouvrier qui tire le déclic (ou crochet) retenant, élevé à plusieurs mètres, un mouton destiné à enfoncer des pierres, ou à celui d'un homme qui presse la détente d'une arme chargée. Il montre ensuite qu'un perfectionnement de plus en plus grand du mécanisme permet de réduire indéfiniment ce travail, et il est d'avis que la nature, plus parfaite que l'art, peut bien avoir réussi à l'annuler tout à fait. »

Il y a dans ce système deux facteurs qui concourent à produire le mouvement, le mécanisme et le pouvoir qui en procure la détente et le met en branle. A mesure que le mécanisme se perfectionne, la force du pouvoir décrochant se réduit, ce sont deux quantités qui varient en raison inverse l'une de l'autre. Quand la première atteint son maximum, la seconde tombe à zéro, sans perdre pourtant son efficacité. S'il en est ainsi, et si l'on admet, ce qui est possible, que les organismes vivants ont réalisé la perfection vers laquelle semble tendre l'art humain, la liberté pourra diriger et conduire les forces du corps sans les accroître.

II. — Cette théorie nous paraît inacceptable. On ne peut admettre ni que la force directrice soit nulle, ni qu'un mécanisme, quelque parfait qu'on le suppose, soit tel qu'il puisse être dirigé par une force nulle.

Le procédé mathématique qui consiste à passer à la limite permet-il, non pas seulement de réduire indéfiniment une quantité donnée, mais encore de la supposer rigoureusement nulle? c'est une question qu'il ne nous appartient pas de résoudre. Nous ferons observer seulement qu'une force rigoureusement nulle ne fait jamais défaut, et que, si elle suffit pour procurer la détente de l'organisme, cette détente se produira sans l'intervention de la volonté. Au lieu d'assurer l'efficacité de la volonté, on l'aura donc rendue inutile. Et si la force dont il s'agit n'est pas nulle, mais infiniment petite, n'est-il pas évident qu'on viole, en la faisant intervenir, le principe de la conservation de l'énergie qu'on prétendait sauvegarder.

III. — Il faut ajouter que cette force doit être plus considérable qu'on ne le suppose. « Un perfectionnement de plus en plus grand du mécanisme, dit M. de Saint-Venant, permet de réduire indéfiniment le travail décrochant.... La nature, plus parfaite que l'art, peut bien avoir réussi à l'annuler tout à fait. »

Il est vraisemblable en effet qu'un organisme vivant est plus parfait qu'un mécanisme; mais comme il est aussi plus complexe, il nous semble qu'il est moins aisé à conduire. C'est là une proposition qu'il faut expliquer.

Qu'une machine à vapeur puisse, sous une légère impulsion, avancer, s'arrêter ou reculer, on le comprend. Il y a là une force qui tend à l'action. Pour qu'elle se débande, il suffit d'écarter l'obstacle qui la retient, il n'est pas nécessaire de la diriger et de la conduire. La direction en effet est déterminée par la disposition intérieure de la machine et les rails sur lesquels elle est posée. Mais aussi les mouvements qu'elle peut accomplir sont en nombre restreint. Elle peut aller en avant ou en arrière, elle n'a pas d'autre issue.

En est-il de même dans un être vivant? Évidemment non. Les actes qu'il peut produire sont innombrables et indéterminés. Dira-t-on que pour chacun d'eux il y a dans l'organisme une voie tracée d'avance, et que pour y lancer la force motrice, il suffit de lui donner une légère impulsion ? Ce serait introduire dans les êtres vivants une complexité bien étonnante et vraiment inacceptable. Ce n'est donc pas seulement le travail décrochant qu'il faut attribuer à l'âme, mais l'acte lui-même tout entier. C'est l'âme qui, après avoir donné la première impulsion à la force motrice, la guide et ne cesse pas un instant de la diriger. Pour tracer une circonférence ou un carré, il ne suffit pas que, par un acte de liberté, je décroche le mouvement, il faut, si je ne veux pas que ce mouvement se produise au hasard, que je l'accompagne et que je le rende conforme à l'idée qui m'est présente et me sert de modèle. Et si toute direction du mouvement requiert une force nouvelle, il y aura, tant que durera mon acte, à chacun des moments du temps, une force nouvelle introduite. Cette introduction de force sera continue comme le mouvement lui-même. Qu'on suppute le nombre des actes accomplis par les hommes libres ou même par les êtres vivants depuis l'apparition de la vie sur la terre, et l'on trouvera peut-être que la quantité de force qu'ils auraient jetée dans le monde ne peut être traitée comme une quantité négligeable. Si le système de M. de Saint-Venant est vrai, il faut renoncer au principe de la conservation de l'énergie.

IV. — Enfin un organisme ne peut être tel qu'il

le faudrait pour s'ébranler sous l'action d'une force infinitésimale. Pour se mettre en effet en mouvement sous une impulsion aussi légère, les forces qui le constituent devraient être aussi voisines que possible de la détente, dans un état d'équilibre instable. Or, dans cet état, elles seront peut-être aux ordres de la volonté, mais ne seront-elles pas plus sûrement à la merci de tout ce qui les entoure, prêtes à s'ébranler au moindre souffle, au plus léger contact de tout ce qui, par une voie quelconque, parviendra à les heurter? Dès lors, ce qui sera difficile à expliquer ce n'est pas leur action, mais leur repos et leur immobilité, même d'un instant. Pour y persévérer il faudrait qu'elles fussent à l'abri de tout heurt dans un lieu vide de mouvement, il se trouve au contraire qu'elles font partie d'un mécanisme qui est dans une agitation perpétuelle. Un corps vivant en effet est le siège d'actions et de réactions incessantes. La matière qui le compose s'écoule d'une manière ininterrompue et ne demeure stable que pour nos yeux infirmes et bornés. Pendant qu'il se transforme intérieurement, il reçoit du dehors des sollicitations incessantes, qui l'assaillent de tous côtés et le pénètrent par tous les sens. Il est difficile de prétendre que les mouvements moléculaires qui en résultent et qui par les filets nerveux se propagent dans toutes les directions ne rencontrent jamais, sur leur trajet, ces forces prêtes à se débander. Sans cesse poussées à l'action, elles agiront donc sans trêve, et le corps dans une agitation perpétuelle et désordonnée échappera sûrement à toute direction libre, à moins que la liberté qui doit mettre ces forces en branle ne soit aussi chargée de les maintenir dans le repos.

Mais ce serait trop lui demander. La force requise pour rompre un état d'équilibre instable est insuffisante à le maintenir s'il est menacé ou à le rétablir quand il est rompu. L'aile de l'oiseau qui déchaîne l'avalanche, ne l'arrêterait pas dans sa chute. S'il suffit, pour décrocher le mouvement, d'une force infinitésimale, il faudrait pour l'arrêter une force qui lui soit égale. Pour remplir le double rôle qu'on lui confie, la liberté devrait donc avoir à sa disposition une quantité d'énergie qui serait tout à la fois en raison directe et en raison inverse de la force qu'elle devrait suivant l'occasion décrocher ou contenir. De quelque façon qu'on l'envisage, le système de M. de Saint-Venant tend à soustraire l'organisme à toute direction. Il annule la liberté.

CHAPITRE III

Les solutions mathématiques : M. Boussinesq, M. Delbeuf.

I. — Système de M. Boussinesq : Les solutions singulières : Le mouvement total est indéterminé. — Chacune de ses parties est déterminée par celle qui précède. — C'est un terrain de conciliation pour le déterminisme et la liberté. — Les solutions singulières ne fourniraient pas une démonstration de la liberté, elles la feraient pourtant pressentir.

II. — Critique : Ce système se heurte aux mêmes difficultés que le précédent. — Des forces rigoureusement indéterminées, au lieu d'attendre la direction de la liberté ou de la vie, seraient à la merci d'une impulsion quelconque. — La persistance de la vie serait inexplicable.

III. — En outre le fondement du système est ruineux. — Un mobile réel n'est jamais indéterminé. — S'il était indéterminé, il ne pourrait être tiré de son indétermination par une force extra-physique. — Si l'âme a un pouvoir réel sur le mécanisme, elle pourra l'exercer même en l'absence des solutions singulières. — Si elle n'en a pas, que pourra-t-elle faire même devant un mobile indéterminé ? — On lui accorde trop ou trop peu. — Toutes les solutions mathématiques peuvent être condamnées a priori. — C'est en vain qu'on cherche une force qui garde, en tombant à zéro, quelque chose de son efficacité.

IV. — Système de M. Delbeuf : Hypothèse d'un pouvoir sur le temps : L'âme ne peut faire varier la force de l'organisme, mais elle peut la dépenser à son gré et à son heure. — Critique : On ne peut agir sur le temps sans agir sur le mouvement. — Cette solution, pour être intelligible, doit s'identifier avec les précédentes. — Elle succombe sous les mêmes objections.

I. — Le système de M. de Saint-Venant condamné, on a essayé de le reconstruire et de lui donner une base plus scientifique. On attribue à la liberté non pas une force infiniment petite, mais une force rigoureusement nulle, et les forces qu'elle doit mouvoir ne sont pas dans un état d'équilibre instable, mais dans une indétermination absolue. Pour arriver à ce résultat, M. Boussinesq fait appel à la théorie des solutions singulières. « Elles ont la propriété, dit-il, mystérieuse et incontestable de soustraire à un déterminisme absolu certains accroissements finis de fonctions, alors que les accroissements infiniment petits ou les dérivées de ces fonctions ne cessent d'être déterminés de proche en proche sans ambiguïté. » Il y aurait donc des cas où la direction d'un mobile est simultanément déterminée et indéterminée. Chacun des éléments infiniment petits qui constituent le mouvement a sa raison dans celui qui le précède. Le mouvement total est rigoureusement indéterminé Il peut indifféremment être dirigé à droite ou à gauche, en haut ou en bas. N'est-ce pas là pour la liberté et le mécanisme un terrain de conciliation? Tous les éléments sont de proche en proche déterminés par celui qui les précède. La nécessité mécanique est donc sauvegardée. Mais il y a aussi une indétermination que la liberté, sans le secours d'aucune force mécanique, peut rompre et utiliser à son profit. Le même acte sera tout à la fois nécessaire et libre.

« La présence ou l'absence de solutions singulières, dit M. Boussinesq, et la flexibilité qu'elles permettent dans l'enchaînement des faits paraît fournir un caractère géométrique propre à distinguer les mouvements essentiellement vitaux, et ceux qui sont volontaires, des mouvements accomplis sous l'empire exclusif des lois physiques. Un être animé serait par conséquent celui dont les conditions de mouvement admettraient à des intervalles très rapprochés ou même d'une manière continue par l'indétermination qu'elles feraient naître, l'intervention d'un principe directeur spécial. Ce principe bien différent du principe vital des anciennes écoles, n'aurait à son service aucune force mécanique qui lui permît de lutter contre celles qu'il trouverait dans le monde. Il profiterait seulement de leur insuffisance dans les cas singuliers, considérés ici, pour influer sur la suite des phénomènes. Inconscient au début de l'existence individuelle et même toujours, en ce qui concerne la vie végétative, mais d'autant plus docile à une loi supérieure ou extraphysique qui nous est encore inconnue, il réaliserait à sa manière dans chaque animal, dans chaque plante, un type spécifiquement héréditaire, transmis, en employant à cet effet des matériaux communs, empruntés au milieu minéral ou à d'autres organismes. Parvenu ensuite chez l'homme et chez les animaux supérieurs à un degré assez avancé de développement, et après avoir acquis des organes assez délicats, c'est-à-dire un système nerveux, il deviendrait sensible à certains rapports de ces organes avec le reste du corps et avec le monde extérieur, s'éveillerait sous leur choc mutuel et apprendrait alors à diriger sciemment la force physique pour la faire servir à l'accomplissement de desseins prémédités. » On ne saurait nier ce qu'il y a de séduisant dans ce système. « S'il pouvait être vrai, ce dont les mathématiciens peuvent seuls juger, dit M. Janet dans son rapport sur le travail de M. Boussinesq, qu'il y a une sorte d'indétermination qui laisse intacte l'application la plus rigoureuse possible des lois mécaniques, peut-être trouverait-on là une conciliation plus satisfaisante entre les deux lois fondamentales de notre esprit, la loi de causalité efficiente, qui veut que tout s'explique par ce qui précède, et qu'il n'y ait pas plus dans l'effet que dans la cause, et la loi de finalité ou de progrès, qui veut que nous ajoutions sans cesse à ce qui précède quelque chose de nouveau qui n'y est pas implicitement contenu. Le monde physique soumis à la première loi, sans jamais cesser d'être le domaine de la quantité constante, pourrait, grâce à la flexibilité indiquée par le savant auteur, devenir l'expression du monde idéal où règne une autre loi. Il y aurait donc une véritable harmonie préétablie entre les deux mondes, ou plutôt une pénétration de l'un dans l'autre, sans que jamais le savant eût le droit de protester, ses exigences étant toujours satisfaites et l'idée active qui constitue l'âme étant d'une nature trop élevée au-dessus de la force pour avoir besoin d'entrer dans le calcul [1]. »

Par ce système on n'obtiendrait pas sans doute une démonstration mathématique de la liberté, il serait pourtant vrai de dire que les solutions singulières la font pressentir, qu'elles rendent possible son intervention et même qu'elles la sollicitent en nous dévoilant au sein du déterminisme des indéterminations persistantes. Ce serait comme des pierres d'attente et des points de raccord qui montrent que l'édifice est incomplet et qu'il attend son couronnement.

II. — Il n'est pas nécessaire d'examiner longtemps ce système pour se convaincre qu'il faut renoncer aux vastes espérances qu'il fait concevoir. Il n'évite aucune des difficultés que nous avons trouvées dans le système précédent, il en fait naître de nouvelles. Il est malaisé, nous l'avons dit plus haut, de maintenir même un instant dans le repos et de réserver à la direction de la liberté des forces en état d'équilibre instable. Que sera-ce quand ces forces seront absolument indéterminées? Qu'est-ce qui les retiendra

---

1. Janet. *La philosophie française contemporaine*, p. 101.

dans leur indétermination ? L'organisme lui-même, d'après M. Boussinesq. « La contexture et les relations mutuelles des organes, dit-il, semblent être précisément ce qu'il faut pour que les variations survenues du dehors s'harmonisent en pénétrant à l'intérieur de manière à ne pas écarter le corps des voies compatibles avec la vie. » Tout cela est incontestable. M. Boussinesq constate que de fait la vie se maintient et que momentanément, du moins, elle est victorieuse dans la lutte que lui livrent les éléments, mais la question est de savoir si dans le système qu'il propose, cette victoire serait explicable et rien ne nous fait même vaguement soupçonner par quel moyen les forces physico-chimiques demeurent dans leur indétermination et sont retenues dans une ligne de mouvement, d'où le souffle le plus léger les peut chasser. Pour que la vie persistât, il faudrait un bonheur tel et si persévérant qu'il n'est pas prudent de l'attendre de la nature, et ce n'est certainement pas scientifique.

III. — En outre, le fondement du système est ruineux ; les solutions singulières ne fournissent qu'une indétermination idéale et abstraite. Nous pouvons être assurés qu'elle ne se rencontrera jamais dans la réalité. Un mobile n'est jamais indéterminé entre deux voies qui s'ouvrent devant lui. S'il l'était, n'ayant pas de raison d'aller à droite plutôt qu'à gauche, il demeurerait nécessairement en repos, et le repos n'est pas l'indétermination, c'est une position tierce qui enlève l'indifférence au lieu de la maintenir.

Il faut ajouter que si, par impossible, un mobile se trouvait dans cet état d'indétermination, il n'en pourrait être tiré par une force extra-physique. La solution de M. Boussinesq, comme celle de M. de Saint-Venant, suppose deux choses : d'abord, que la quantité de force est constante dans le monde, ensuite, qu'une force mécanique ne peut être dirigée que par une force de même nature. Que l'on conteste l'une ou l'autre de ces deux propositions, et le système de M. Boussinesq devient inutile. Si la force n'est pas constante, la liberté la pourra faire varier, et par suite agir quand il lui plaira sur le monde matériel. Il en sera de même s'il est possible de diriger une force mécanique par une force extra-physique. Ce n'est pas seulement quand une solution singulière sera réalisée, et qu'un mobile se trouvera dans un état d'indétermination, que la liberté pourra intervenir, c'est à chaque instant, quelle que soit la force qu'il s'agisse de mouvoir. Il faut donc, pour que le système que nous examinons ait quelque raison d'être, regarder comme incontestables ces deux propositions : 1° la quantité de force est invariable ; 2° on ne peut mouvoir une force mécanique que par une force de même nature. Mais, dès lors, n'est-il pas évident qu'on s'est mis dans une impasse dont on ne pourra sortir et que les solutions singulières ne seront d'aucun secours ? Voici un mobile placé à une bifurcation d'intégrales, indéterminé. Lui manque-t-il quelque chose pour continuer à droite ou à gauche son mouvement ? Ce ne peut être qu'une force. La liberté ne la lui peut fournir. Ne lui manque-t-il rien ? Il continuera donc à se mouvoir sans l'intervention d'un agent extra-physique. Qu'il se meuve ou qu'il reste en repos, il n'a rien à attendre de la liberté.

C'est là ce qui fera échouer toutes les tentatives de solutions mathématiques. S'il est vrai qu'on ne peut diriger le mouvement qu'à l'aide d'une force mécanique, la liberté sera sans influence, le monde matériel lui est fermé. Si cela est faux, il n'y a aucune raison de restreindre l'action de la liberté aux cas singuliers qu'on nous propose. Les mathématiques ne donneront pas de solution. C'est en vain qu'on leur demande une force qui puisse tomber à zéro sans rien perdre de son efficacité.

IV. — C'est une difficulté insurmontable. M. Delbœuf a essayé de la tourner. Ne pouvant attribuer à la liberté une puissance directe sur le mouvement, il a imaginé de mettre le temps à ses ordres. De cette manière, pense-t-il, les droits de la science et de la liberté seront sauvegardés. Une force, en effet, peut se dépenser aujourd'hui ou être réservée pour demain sans pour cela grandir ou décroître. Cela suffit pour que la liberté retrouve la puissance que les mathématiques menaçaient de lui ravir. Elle dispose en effet d'une quantité de force, immuable sans doute, mais dont elle peut user au moment qui lui paraîtra convenable. Elle a en main un trésor qu'elle ne peut accroître, mais qu'elle peut dépenser à son gré.

Il est inutile sans doute de discuter longuement cette hypothèse d'un pouvoir sur le temps, et on a lieu de s'étonner qu'un bon esprit ait pu en être séduit. Que peut-on gagner à placer entre la liberté et la force qu'elle doit mouvoir un intermédiaire ? Quel qu'il soit, ce ne peut être qu'un agent de transmission, et croire que la direction qu'il reçoit et doit communiquer s'atténue dans le trajet et se réduit à zéro, est une illusion singulière, elle l'est d'autant plus que cet intermédiaire est la plus vide des abstractions, le temps. Il n'a pas une existence réelle, indépendante de l'esprit et des choses, et ce serait ne pas s'entendre que d'assurer qu'on peut avoir une action sur lui sans agir sur le mouvement. Ce serait vouloir arrêter le cours d'un fleuve ou le diriger sans modifier le mouvement de ses eaux. Cette solution pour être intelligible doit se confondre avec les précédentes, elle succombe sous les mêmes objections.

CHAPITRE IV

Solution mixte : M. Fonsegrive.

I. — Système de M. Fonsegrive : Les lois sont invariables. — L'énergie du monde est constante, ou du moins ses variations sont insensibles. — L'âme a à sa disposition une quantité déterminée de force dont elle use à son gré pour mouvoir l'organisme auquel elle est unie.

II. — Critique : L'expérience, toutes les fois qu'elle peut être utilement consultée, témoigne contre cette hypothèse. — Elle est gratuite.

III. — Elle est de plus arbitraire. — Ce ne sont pas seulement les êtres libres qui devraient avoir à leur disposition une certaine quantité de force, mais encore les êtres vivants et même tous les êtres. — Tous subissent des directions qui ne relèvent pas des lois mécaniques. — Que devient alors la loi de la persistance de la force? — De plus, comment déterminer la force qui sera accordée à chaque être vivant et libre? — Difficultés inextricables.

IV. — Cette force, du reste, serait inutile. — Elle ne peut être indéterminée. — Et si elle est déterminée, comment la liberté pourra-t-elle la mouvoir? — Toutes les difficultés écartées reparaissent.

I. — Entre tous ces systèmes, M. Fonsegrive a pris une position intermédiaire. Il admet la constance des lois et aussi la persistance de la force. Il croit avec M. de Saint-Venant qu'une force infinitésimale suffit pour mettre en branle l'organisme. Il reconnaît que cette force fait varier l'énergie totale du monde, mais si peu, dit-il, que la loi de la conservation de l'énergie peut néanmoins passer pour certaine. Une augmentation si légère lui paraît insignifiante et il se tient pour assuré en tout cas que l'expérience ne témoignera jamais contre son hypothèse.

« Voici l'explication que nous proposons, dit-il : nous croyons d'abord qu'il faut tenir pour prouvé : 1° que tout changement dans l'âme correspond à un changement dans le corps; 2° que tout changement de direction dans le mouvement du corps nécessite une force nouvelle. Nous admettons donc une harmonie complète entre l'âme et le corps, et nous nous refusons à croire qu'on puisse changer la direction d'un mouvement sans déployer de la force. Leibnitz a d'ailleurs démontré le contraire. Nous ne croyons pas avoir besoin d'établir ces deux points. Nous nous adressons surtout aux déterministes, et ils les admettent. Nous sommes donc amenés à dire que le libre-arbitre introduit dans le système mécanique de l'univers des corps une force nouvelle. Cela est-il en opposition avec la loi de la persistance de la force ? Oui, si on fait de cette loi une loi absolue sans restrictions ; non, si l'on prend cette loi dans le sens où il faut la prendre, dans un sens relatif, expérimental. Dans ce dernier sens, elle se formule ainsi : La quantité de force persiste sensiblement la même. Or en quoi la quantité de force nécessaire pour changer la direction du mouvement de toutes les molécules cérébrales de tous es hommes, quand elle s'ajouterait à toutes les autres forces de la nature, pourrait-elle produire un accroissement sensible ? Le poids d'un wagon sur la bascule est-il augmenté parce qu'une mouche s'y est posée ? — Et, de plus, s'il est possible que le libre-arbitre crée une force nouvelle, ne peut-il pas aussi anéantir parfois des forces existantes ? Et alors la constance de la quantité de force ne serait-elle pas maintenue ? les lois de la science expérimentale ne seraient donc pas contredites quand même le libre-arbitre créerait ou anéantirait de la force.

« Mais alors le libre-arbitre ne devient-il pas un absolu ? ne cesse-t-il pas d'être une puissance humaine pour devenir une puissance divine ? Il y a des miracles réservés à Dieu, dit Leibnitz, et la création ou l'annihilation d'une force quelconque sont au nombre de ces miracles. — Mais ne pourrait-on pas admettre que l'âme humaine qui est, nous l'avons vu, une raison active, ou, ce qui est la même chose, une force rationnelle, a reçu à sa naissance une certaine quantité de force et qu'elle peut à son gré communiquer au monde une partie de sa force propre ? Elle ne donnerait alors que ce qu'elle aurait reçu, elle n'usurperait pas les attributs de la puissance divine, elle ne créerait pas la force de toutes pièces, elle ne ferait que la produire, la manifester dans le monde des corps [1]. »

1. Fonsegrive. *Essai sur le libre-arbitre*, p. 509-510, 1re éd.

II. — Ce qui est nié dans ce système, ce n'est pas la consistance des lois, mais seulement la conservation de l'énergie. Le rapport du conséquent à l'antécédent est invariable. Cela suffit pour sauvegarder l'idée de loi. Mais on peut faire varier le conséquent en modifiant l'antécédent. C'est par là que l'action de la liberté devient efficace et qu'elle pénètre le monde. Comme du reste la force que la liberté introduit est infinitésimale, il n'est pas étonnant qu'elle n'ait pu être constatée, et qu'elle laisse intacte, du moins en apparence, la loi de la persistance de la force. L'expérience ne peut donc nous fournir de réfutation rigoureuse de ce système.

Il faut reconnaître pourtant qu'il a contre lui toutes les vraisemblances. La force et la matière, toutes les fois qu'on a pu leur appliquer la mesure, ont été trouvées, à travers toutes leurs transformations, invariables. On n'a jamais pu constater un accroissement quelconque ou de matière ou de force. Dans les organismes vivants et libres, à prendre les choses en gros, et en laissant de côté les précisions rigoureuses et absolues, qui manifestement nous échappent, la quantité de travail fourni est constamment en rapport avec la force reçue de l'extérieur et emmagasinée. Il est naturel de penser que des mesures plus exactes, si elles étaient possibles, ne contrediraient pas ces résultats.

La volonté, dira-t-on, quand elle est énergique, ou la passion quand elle est violente, décuple nos forces. Ce n'est pas là une difficulté sérieuse : ni la volonté, ni la passion ne donneraient des forces à un organisme défaillant et usé. Mais elles peuvent réveiller des forces endormies, diriger dans un même sens, et tourner vers un même but des forces jusque-là divergentes. L'énergie disponible nous paraît alors grandir. Elle est pourtant invariable. Mais elle est employée tout entière et surtout mieux utilisée. Rien ne semble autoriser la doctrine qui admet dans les organismes vivants et libres des augmentations de force. C'est une hypothèse gratuite.

III. — Elle est de plus arbitraire. Pourquoi réserver à l'homme et à l'action de la liberté la faculté de faire varier dans le monde l'énergie et de l'accroître ? Pourquoi la refuser à l'animal ? pas plus que les actes de l'homme, les actes de l'animal ne se peuvent expliquer par des causes purement mécaniques. Les vibrations moléculaires, qui de l'organe des sens sont transmises au cerveau par l'intermédiaire des filets nerveux, ne suscitent pas immédiatement celles qui du cerveau retournent aux membres pour produire le mouvement. Entre ces deux événements purement matériels, s'insère un phénomène de nature psychique. C'est lui qui recueille le mouvement centripète qui vient du monde extérieur, et qui provoque et dirige le mouvement centrifuge qui se termine à la périphérie. Dira-t-on que ce phénomène psychique est inefficace! Il est alors inutile et c'est à la théorie des animaux machines qu'il faut retourner. Si, comme il faut bien l'admettre, il a une action réelle, c'est de lui que procède la direction prise par le mouvement. Il doit donc, comme la liberté, jeter dans le monde des forces nouvelles. Ce qu'on dit de la sensation, il faudra le dire aussi de la vie, qui est au moins une idée directrice, et de la valence ou de l'atomicité qui imprime aux forces enveloppées dans l'atome des directions privilégiées. Nous verrons ainsi s'agrandir le domaine de la contingence, jusqu'à ce que ses limites coïncident avec les limites même du monde. Que devient alors la persistance même apparente de la force?

Comment, en outre, fixer la quantité de force qui serait mise au service de la liberté? Varie-t-elle avec les individus de telle façon qu'à l'heure de la mort elle soit tout entière épuisée? Il faut alors admettre entre la destinée de chaque homme et la force qui lui est départie, une harmonie préétablie bien invraisemblable. Cette quantité de force disponible est-elle au contraire la même pour tous? Il y aura chez ceux qui meurent jeunes un excédent qui demeurerait sans emploi. Que devient-il? L'âme l'emporte-t-elle avec elle? C'est une hypothèse peu intelligible. On ne voit pas pourquoi l'âme serait éternellement unie à une force dont elle ne pourrait faire usage et qui lui serait un obstacle permanent. Il ne reste qu'un parti à prendre, c'est de dire que cette force, à l'heure de la mort, est subitement anéantie, et cela paraît bien peu scientifique.

IV. — Enfin cette force, dont on ne peut constater la présence, dont il est difficile de restreindre l'intervention et dont on ne peut marquer la quantité, serait inutile, et c'est là surtout ce qui nous empêche de l'admettre. Elle ne peut être en effet indéterminée et, si elle est déterminée, la liberté ne pourra s'en servir, elle sera impuissante à la mouvoir.

Elle n'est pas indéterminée. Ce serait un être dont la nature ne nous fournit pas d'exemple et que la pensée se refuse à concevoir. Une force qui n'est ni en mouvement ni en repos, qui n'a pas une tension dans un sens déterminé, ne rentre dans aucune des catégories de l'entendement et ne peut être pensée. Il ne faudrait pas la comparer à la puissance d'Aristote. La puissance est indéterminée sans doute, mais son indétermination est relative à l'avenir et aux actes qu'elle doit produire. Dans le présent, son aptitude à l'action a une intensité et une direction précises. Ses démarches futures n'enveloperaient aucune ambiguïté pour qui connaîtrait les influences qu'elle doit subir et les causes qui doivent la pousser à l'acte. Ce qui n'a pas un état fixe et une forme assignable manque d'une des conditions requises pour être. C'est un pur néant.

Il faut donc admettre que la force mise aux ordres de la liberté a une direction et une intensité déterminées, que de plus, elle est en repos ou en mouvement. Mais alors il se trouve que la question qu'on voulait résoudre n'a pas fait un pas ; si cette force, en effet, est en repos, comment l'en faire sortir, et si elle est en mouvement, comment lui donner des directions nouvelles ou l'arrêter? C'est ici une difficulté capitale, et qui suffit à condamner tous les systèmes qui, entre la liberté et l'organisme, veulent placer un intermédiaire, une force. Cette force, d'où qu'elle vienne, la liberté ne pourra l'utiliser.

On dira sans doute que la force dont il est ici question n'est pas matérielle, mais psychique, et que par suite tous nos raisonnements tombent à faux. C'est là une distinction vaine. Cette force en effet est mesurable. « L'âme à sa naissance en a reçu une certaine quantité. » Elle est divisible. « L'âme peut à son gré en communiquer au monde une partie. » On la mesure, on la divise. Nous ne savons en quoi elle diffère des forces matérielles, mais nous savons sûrement qu'elle se distingue de l'âme et ne peut avoir, avec un être soustrait à la mesure et simple, rien de commun que le nom. Il est difficile de ne pas la confondre avec les forces corporelles. Elle doit en effet s'opposer à leur action ou y concourir. Cet antagonisme ou cet accord suppose une identité de nature. Il s'agit de produire une augmentation ou une diminution, de faire une addition ou une soustraction, il y faut des quantités semblables. Et si cette force est matérielle, n'est-il pas évident que la solution de

M. Fonsegrive est illusoire. Elle suppose l'action immédiate de la liberté sur la force, de la qualité sur la quantité. C'est ce qui est en question, et c'est ce que tout d'abord on avait regardé comme impossible.

CHAPITRE V

Conclusion : la loi de la conservation de l'énergie.

I. — La somme de l'énergie potentielle et actuelle est invariable dans le monde. — Fondements de cette loi. — Le théorème des forces vives. — L'équivalent mécanique de la chaleur.

II. — On a longtemps attaqué la conservation de l'énergie au nom de la psychologie. — On croyait que la sensation d'effort nous faisait connaître les forces que l'âme lançait dans l'organisme. — La physiologie paraissait d'accord avec la psychologie. — Expériences de Wundt : Elles prouvaient que, tout mouvement aboli dans l'organisme, l'effort persistait. — Il était donc purement psychique. — Mouvement en sens contraire. — Expériences de Vulpian, de W. James. — La sensation d'effort est afférente, non efférente. — Elle nous fait connaître non pas l'énergie transmise au corps par l'âme, mais les forces déployées par l'organisme pour exécuter les ordres de la volonté. — Influence de l'idée ou de l'image sur le mouvement. — Expériences de Chevreul. — Théories de Renouvier et de W. James. — L'influence de la pensée est qualitative. — Elle ne peut donc faire varier l'énergie que contient le monde.

III. — Que la loi de la conservation de l'énergie soit niée, que l'on admette que tous les phénomènes psychiques sont des forces, pourvu qu'on accorde, ce qui n'est pas contestable, qu'ils enveloppent en même temps que la quantité une qualité, la difficulté qu'on croyait écartée reparaît. — Cette qualité doit être active. — On ne peut nier cette activité au nom de la loi de la conservation de l'énergie qui ne serait pas violée ; — mais au nom de ce prétendu principe : On ne dirige une force quantitative que par une force de même nature. — Ce principe est-il incontestable ? — C'est ce qui reste à examiner.

Toutes les tentatives de conciliation ont échoué, et la doctrine de la contingence des lois ne paraît pas acceptable. Elle ébranle les fondements de la science et compromet le principe de causalité. La question posée au début de cette étude demeure donc entière.

1. — Avant de la résoudre, nous allons énoncer la loi de la conservation de l'énergie et rappeler brièvement sur quels fondements elle repose. Evidemment on n'attend pas de nous une démonstration nouvelle de cette loi. Pour l'établir et la mettre à l'abri de toute contestation, la compétence nous fait défaut. Nous montrerons, du reste, en terminant ce chapitre, que, fût-elle douteuse, et même certainement fausse, la difficulté qu'on oppose, en se fondant sur elle, aux partisans de la liberté et de l'activité de la pensée persisterait.

« Dans la nature l'énergie apparaît sous deux
« formes très différentes ; en puissance et à l'état
« d'effet réalisé. Un corps placé à une certaine hau-
« teur au-dessus du sol représente en puissance la
« quantité d'énergie ou de force vive qu'il dévelop-
« pera en tombant sous l'impulsion de la gravité jus-
« qu'à la rencontre du sol. Son poids, multiplié par

« la hauteur, exprime le travail latent ou potentiel
« qui réside en lui avant que la chute commence.
« Au bas de la chute, ce même produit représente
« non plus un travail en puissance, mais un travail
« effectué, et, par conséquent, la force vive dyna-
« mique emmagasinée par ce travail dans le corps.
« A un point intermédiaire quelconque, l'énergie
« latente ou potentielle du départ se divise en deux
« portions : l'une, la force vive, développée par ce
« commencement de chute et qui se nomme énergie
« actuelle ou force vive proprement dite ; l'autre,
« qui continue à mériter le nom d'énergie potentielle
« et qui correspond au supplément de force vive dont
« la suite de la chute sera la source »[1].

La somme de ces deux énergies potentielle et actuelle ne varie pas dans un système de forces, quelles
que soient les positions de ces forces pourvu qu'elles
soient uniquement fonction des distances et qu'elles
ne faiblissent pas avec le temps.

« Dans un système où les corps changent de posi-
« tion les uns par rapport aux autres et où les
« vitesses individuelles se modifient, la force vive
« de l'ensemble subit d'incessantes vicissitudes. La
« force vive de la terre, par exemple, augmente ou
« diminue, selon que son mouvement autour du
« soleil s'accélère ou se ralentit. La force vive des
« astres, ainsi que celle de toutes les particules de

[1]. FREYCINET. *Essai sur la philosophie des sciences*, p. 239

« matière, ne peut redevenir la même que si, à un
« moment donné, ces astres et ces particules repas-
« saient rigoureusement par les mêmes positions ;
« j'entends par là se retrouvaient aux mêmes dis-
« tances les unes par rapport aux autres. En dehors
« de cette universelle coïncidence, qui ne se produit
« sans doute jamais, la force vive du système est
« exposée à de perpétuelles variations. Mais ces
« variations disparaissent si l'on envisage non seu-
« lement la force vive actuelle des corps, mais aussi
« leur force vive potentielle, complément nécessaire
« de la première. Pourvu que les forces soient uni-
« quement fonction des distances et qu'elles ne fai-
« blissent pas avec le temps, la somme de ces deux
« forces vives ou l'énergie totale ne risque pas de
« déchoir [1] ».

Pour généraliser cette loi et l'étendre à la nature entière, il fallait faire deux choses : expliquer certaines anomalies qui se rencontraient en dynamique et établir qu'il y a une équivalence entre l'énergie mécanique et les énergies physiques. Cela n'est devenu possible qu'après les expériences de Mayer et de Joule. « Des expériences multipliées
« entreprises par ces deux physiciens et par leurs
« successeurs ont établi qu'il existe un rapport
« naturel fixe et déterminé entre un effet mécanique
« et un effet calorique. Pour élever un décimètre

---

1. Freycinet. *Ibid.*, p. 249.

« cube d'eau à 425 mètres de hauteur, il faut,
« d'après la moyenne des observations, la même
« dépense de calorique que pour accroître d'un
« degré la température de ce litre d'eau. En d'autres
« termes, si la combustion du charbon est employée
« d'une part à échauffer directement de l'eau, d'autre
« part à mouvoir une machine élévatoire, la con-
« sommation de charbon, pour augmenter d'un
« degré la température d'un litre d'eau, et pour
« remonter à 425 mètres le poids d'un kilogramme,
« sera identique dans les deux appareils. Récipro-
« quement, le mouvement acquis par un kilo-
« gramme qui tombe de 425 mètres de haut, est
« équivalent à cette même quantité de chaleur,
« désignée en physique sous le nom de calorie. Tel
« est le rapport suivant lequel les phénomènes
« mécaniques et les phénomènes caloriques se rem-
« placent constamment.

« Grâce à ce nouveau principe, il est facile désor-
« mais d'interpréter de nombreux faits, qui sem-
« blaient constituer des anomalies, et qu'on s'était
« habitué à négliger dans l'exposition de la Dyna-
« mique. Quand deux corps, par exemple, se heurtent,
« ils perdent dans le choc, s'ils ne sont pas parfaite-
« ment élastiques, une partie de leur mouvement.
« Cette perte pouvait, dans une certaine mesure,
« être expliquée par les forces moléculaires qu'il faut
« vaincre pour déformer définitivement les corps.
« Mais la plupart du temps, elle était hors de pro-

« portion avec ce travail intérieur. Il y avait donc
« une destruction de force sans cause connue et l'on
« avait pris le parti de la passer, pour ainsi dire, au
« compte des profits et pertes, sans approfondir
« davantage... La loi de Mayer et de Joule a rectifié
« le point de vue. Il n'y a pas de destruction pure et
« simple du mouvement; le principe de la conserva-
« tion n'est pas entamé : là où disparaît le mouve-
« ment, il apparaît de la chaleur. Les deux portions
« du phénomène se compensent [1] ».

La loi de Mayer et de Joule a fait disparaître une anomalie. Elle a de plus établi un lien entre la mécanique et la physique. Généralisant ces expériences, on a conclu qu'il y avait équivalence entre toutes les forces de la nature. Quand l'une disparaît, une autre surgit. La première n'est pas anéantie, ni la seconde créée. Il y a un passage naturel de la première à la seconde et une transformation dont on peut trouver la loi. On savait déjà, grâce à Lavoisier, que, malgré ses transformations et ses variations apparentes, la quantité de matière était invariable. On s'est cru autorisé à conclure que dans l'univers entier la matière et la force dont elle est la dépositaire ne changent pas. La surface de l'être est mobile, le fond est immuable et se dérobe à l'action du temps. Tout paraît s'écouler. En réalité tout demeure. Rien ne se perd, rien ne se crée.

---

[1]. FREYCINET. *Ibid.*, p. 215.

II. — Cette loi de la persistance de la force a rencontré longtemps chez les psychologues des adversaires résolus. L'action de la pensée sur le mouvement, de l'âme sur la matière, leur paraissait avec raison incontestable. Et cette action supposait, d'après eux, que la pensée faisait varier et grandir les forces du corps. Descartes avait bien prétendu que l'âme pouvait diriger la force sans l'accroître. Mais Leibnitz, disait-on, avait définitivement prouvé le contraire. Et cette proposition : on ne dirige une force que par une force, leur paraissait avoir l'évidence d'un axiome.

L'expérience du reste venait, pensaient-ils, à leur secours et confirmait cette vue à priori de la raison. Nous sentons la force que nous lançons dans l'organisme quand nous le voulons mouvoir. Et cette sensation dépasse toutes les autres en netteté, c'est la sensation de l'effort. C'est par elle que notre moi se révèle à nous, que nous connaissons notre corps, que nous entrons en relations avec le monde extérieur.

La physiologie paraissait d'accord avec la psychologie. Wundt avait constaté que le paralytique qui veut mouvoir un membre inerte, a néanmoins conscience de l'effort qui accompagne ou suit l'acte de sa volonté. On y voyait une preuve manifeste que l'effort est purement psychique et que néanmoins il enveloppe une force.

Psychologues et physiologistes étaient unanimes à reconnaître que l'effort partait de l'âme pour aller au corps, se dirigeait du centre à la périphérie, et que la sensation qui nous le faisait connaître était efférente.

Depuis quelque temps une réaction commence à se produire. Toutes ces théories sur l'effort sont vivement attaquées. On prétend que la nature de l'effort a été méconnue et que son importance a été singulièrement exagérée.

La sensation d'effort ne peut pas être isolée et séparée du mouvement, de plus elle n'est pas efférente mais afférente. Les expériences de Wundt ne sont pas contestables, mais elles sont incomplètes. Les faits ont été mal observés. Il est bien vrai que chez un paralytique la sensation d'effort n'est pas abolie. Mais elle est accompagnée de mouvement, non pas dans le membre inerte, mais dans un autre qui a conservé sa liberté. Vulpian a fait remarquer qu'un hémiplégique qui croit fermer son poing paralysé, à son insu, ferme l'autre. « Ferrier, dit M. Bergson, signalait un phénomène plus curieux encore. Étendez le bras en recourbant légèrement votre index, comme si vous alliez presser la détente d'un pistolet : vous pourrez ne pas remuer le doigt, ne contracter aucun muscle de la main, ne produire aucun mouvement apparent, et sentir pourtant que vous dépensez de l'énergie. Toutefois, en y regardant de plus près, vous vous apercevez que cette sensation d'effort coïncide avec la fixation des muscles de votre poitrine, que vous tenez la glotte fermée, et que vous contractez activement vos muscles respiratoires. Dès que la respiration reprend son cours normal, la conscience de l'effort s'évanouit, à moins qu'on ne meuve réellement le doigt. Ces faits semblaient déjà indiquer que nous n'avons pas conscience d'une émission de force, mais du mouvement des muscles qui en est le résultat. L'originalité de M. William James a été de vérifier l'hypothèse sur les exemples qui y paraissaient absolument réfractaires. Ainsi, quand le muscle droit externe de l'œil droit est paralysé, le malade essaie en vain de tourner l'œil du côté droit : pourtant les objets lui paraissent fuir à droite, et puisque l'acte de volonté n'a produit aucun effet, il faut bien, disait Helmholtz, que l'effort même de la volonté se soit manifesté à la conscience. Mais on n'a pas tenu compte, répond M. James, de ce qui se passe dans l'autre œil : celui-ci reste couvert pendant les expériences, il se meut néanmoins, et l'on s'en convaincra sans peine. C'est ce mouvement de l'œil gauche perçu par la conscience, qui nous donne la sensation d'effort, en même temps qu'il nous fait croire au mouvement des objets aperçus par l'œil droit. Ces observations, et d'autres analogues, conduisent M. James à affirmer que le sentiment de l'effort est centripète et non pas centrifuge » [1].

De là on tire une conséquence nouvelle. Si la sensation est centripète, afférente, elle nous renseigne non pas sur l'énergie déployée par l'âme, mais seule-

---

[1]. BERGSON. *Essai sur les données immédiates de la conscience*, p. 17.

ment sur les forces de l'organisme qui ont été mises
en liberté et sont entrées en jeu. Que l'on additionne
les mouvements opérés et les contractions produites.
Entre la somme ainsi obtenue et l'intensité de l'effort
il y aura équation parfaite. L'intervention de l'âme
n'est sans doute pas inutile, mais son apport n'est
pas quantitatif et ne peut faire varier la somme des
forces corporelles engagées dans l'effort.

Il y a donc entre l'effort et la volonté solution de
continuité. L'effort se produit dans le membre qui
est mû, et la volonté comme la pensée a son siège
dans le cerveau. Nous n'avons pas conscience de
l'énergie que la volonté transmet au corps, mais
seulement des forces que l'organisme déploie.

Il y a pourtant entre le mouvement et la volonté
un lien réel, action et réaction. Comment se produit-elle ? c'est ce qu'on n'explique pas, mais ce
que l'expérience nous fait constater. Le mouvement
suscite la pensée, et la pensée meut l'organisme.
Spontanément, comme le prouvent les expériences
de Chevreul, les images déterminent des mouvements. Pour agir il nous suffit donc d'exercer une
action intérieure sur nos états psychiques représentatifs, image ou pensée. Celle-ci, par suite d'un
accord que la nature a établi, provoque le mouvement. L'effort volontaire est donc en réalité intérieur à l'âme et purement psychique. « L'effort, dit
M. Renouvier, dans l'acception rationnelle de ce
mot, c'est le rapport de la représentation avec elle-

même », ou encore « c'est le maintien d'une représentation de jussion ». M. W. James exprime la même idée, quand il dit que la tendance d'une représentation à se réaliser devient efficace, pourvu que la liberté lui laisse la voie ouverte et prononce un *fiat*.

Les expériences des physiologistes sont d'accord avec ces observations des psychologues; les uns et les autres nous amènent à la même conclusion; l'effort est un phénomène complexe qui enveloppe deux éléments, l'un quantitatif, qui appartient tout entier au corps, et l'autre qualitatif, qui procède de l'âme.

La conservation de la force, au lieu d'y trouver une difficulté, y rencontre un argument en sa faveur. Nous pouvons donc conclure : la quantité d'énergie matérielle est invariable dans le monde.

III. — Il faut ajouter que quand cette conclusion serait contestable, le problème dont nous cherchons la solution ne disparaîtrait pas, et la difficulté que nous nous proposons d'écarter, resterait tout entière.

Quelque parti que l'on prenne, elle demeure. Supposons en effet que toutes les analyses et les démonstrations données jusqu'ici sont sans valeur. Il n'est ni démontré expérimentalement, ni prouvé à priori que la somme de l'énergie potentielle et actuelle est invariable dans le monde ; la sensation d'effort, au lieu de nous faire connaître une énergie corporelle qui se dépense, nous révèle l'action d'une force morale qui peut décroître et grandir, et faire à son gré varier la quantité de force déposée dans l'organisme. De plus tous les phénomènes intérieurs, sensations, images, pensées, appétitions, désirs, volontés, tous les phénomènes psychiques en un mot enveloppent une quantité. Supposons tout cela, cette quantité psychique n'est pourtant pas une quantité pure. A intensités égales, l'amour se distingue de la haine et l'idée du devoir de celle du plaisir. La quantité, dans l'âme, est donc unie à un élément qui la distingue et la spécifie à un élément qualitatif, à une qualité.

Or cette qualité est-elle sans influence? Voilà la difficulté qu'on croyait écartée, qui reparaît. Et c'est là la vraie question. Cette qualité ne peut être inactive. Elle serait en effet réduite alors au rôle d'épiphénomène et de reflet, et nous avons montré dans le livre I que la pensée-reflet était inintelligible et contradictoire. Elle est donc active, et comme cette activité n'enveloppe évidemment rien de quantitatif, elle doit s'exercer sans faire varier la quantité d'énergie que contient le monde matériel.

Pour contester cette conclusion on ne peut se fonder sur la loi de la conservation de l'énergie, mais sur ce prétendu principe que nous avons trouvé sous-entendu au fond de tous les systèmes de conciliation. On ne dirige une force quantitative que par une force de même nature. S'il est faux, la liberté pourra intervenir dans la direction du mouvement et l'évolution du monde sans en faire varier l'énergie. S'il est vrai, la liberté et la pensée, du moins dans ce qu'elles ont de qualitatif, resteront sans influence, même dans un monde soumis à des variations incessantes d'énergie. C'est donc de ce prétendu principe que dépend la solution que nous cherchons.

Ne peut-on pas le contester et même en démontrer la fausseté? C'est ce qui nous reste à examiner.

LIVRE IV

QUANTITÉ ET QUALITÉ

LIVRE IV

QUANTITÉ ET QUALITÉ

CHAPITRE PREMIER

La quantité n'est pas la seule réalité vraiment objective. — La qualité ne se déduit pas de la quantité.

Tout est-il quantitatif?

I. — Tout n'est pas quantitatif et le mouvement lui-même enveloppe un élément qualitatif. — Le mouvement suppose le temps et l'espace. — Le temps et l'espace sont continus. — La quantité pure ne suffit pas à constituer le continu.

II. — En outre, le temps et l'espace sont distincts l'un de l'autre par l'ordre de leurs parties. — Cet ordre ajoute quelque chose à la quantité. — Élément original qu'il enveloppe. — L'espace n'est pas seulement une simultanéité. — Toute simultanéité ne s'ordonne pas dans l'espace. — Les parties du temps et de l'espace sont encore distinctes par leur nature.

III. — Le temps et l'espace, conditions nécessaires du mouvement, ne suffisent pas à le constituer. — Il faut de plus une direction déterminée. — Cette direction est qualitative. — On va du nombre au temps, à l'espace et au mouvement par des additions successives et qualitatives. — Le concept de mouvement est plus compréhensif que le concept de quantité, il ne s'en peut déduire.

La question que nous avons posée au début de ce travail s'est précisée et en même temps elle s'est élargie. Il ne s'agit plus seulement de savoir si la pensée peut agir sur le mécanisme, mais si la force quantitative est seule apte à diriger le mouvement ou à déterminer les changements matériels comme elle peut seule les produire, et s'il ne faut pas, au contraire, attribuer à la qualité, quelle que soit d'ailleurs sa nature, une action et une influence.

Que l'on y réfléchisse un instant, on verra que cette question ne se distingue pas de cette autre : La quantité est-elle la seule réalité vraie ? Si la quantité est inactive, en effet, elle n'est pas vraiment; car, comme l'a bien vu Leibnitz, être c'est agir. Le seul fondement réel et subsistant de ce qui apparaît est la quantité. La pensée résulte de la sensation, la sensation de la vie, la vie des forces physico-chimiques, les forces physico-chimiques du mouvement. Toutes ces apparences sont liées au mouvement, comme un reflet à la lumière comme une ombre au corps.

Et ce n'est pas tout. On ne peut s'arrêter là. Il faut bien se demander si le mouvement est quantité pure. S'il n'est lui-même intelligible que par l'union de la qualité à la quantité, si cette qualité est active et si c'est d'elle qu'il reçoit sa direction et par suite son existence, il faudra bien conclure que la qualité est le fondement du réel au lieu d'en être l'ombre, qu'elle est vraiment un principe d'action. Et l'on ne pourra plus désormais, en se fondant sur l'expérience, prétendre que la force quantitative peut seule diriger l'évolution de l'être matériel. L'action de la pensée sur le mécanisme ne sera ni inintelligible ni anormale. Elle sera au contraire analogue à celle qu'à tous les degrés de l'être, la qualité exerce sur la quantité.

Pour résoudre le problème que nous venons de poser nous allons examiner successivement ces deux questions :

1° Le mouvement enveloppe-t-il quelque chose de qualitatif, une qualité ?

2° Cette qualité est-elle vraiment active ?

I. — Montrons d'abord qu'il y a dans le mouvement un élément qualitatif.

Le mouvement ne peut exister que dans l'espace et dans le temps. C'est une série continue et successive de positions dans l'espace. Or ces trois choses, temps, espace, mouvement, sont-elles purement quantitatives ? et avec la quantité pure, le nombre, pourrions-nous les reconstruire ? Non, on l'a souvent montré.

Si l'espace et le temps étaient quantité pure, l'élément initial serait pour l'espace le point, et pour le temps l'instant. Mais ni le point, ni l'instant ne suffisent pour former le concept de temps et d'espace, et à plus forte raison pour lui donner une réalité. Deux points juxtaposés se confondent. Comme ils sont simples et indivisibles, ils ne peuvent se tou-

11

cher par quelque endroit sans coïncider absolument. Si on les sépare par un intervalle, c'est poser entre eux l'espace, qu'il s'agissait de construire. Il en est de même du temps. Deux instants voisins ne se peuvent distinguer. S'ils sont distants, c'est le temps qui les sépare. Pour avoir le concept d'espace ou de temps il faut donc autre chose que la quantité. Quoi? C'est ce qu'il est difficile de déterminer, mais ce que la sensation, ou l'imagination qui la supplée, nous représente clairement. L'espace et le temps sont des quantités, mais des quantités continues, et il y a dans le concept de continu quelque chose qui déborde a quantité. Il est difficile d'en donner une définition adéquate et en tout cas une combinaison quelconque de concepts quantitatifs n'y suffit pas.

On l'a défini quelquefois : la synthèse de l'un et du multiple. Cette définition n'est pas sans valeur. L'espace est multiple puisqu'on le divise. Il est un aussi. C'est un tout donné, ce n'est pas un composé dont l'élément initial serait le point. Il ne dérive pas de la multiplicité, il l'enveloppe, mais dans une unité qui lui est antérieure. Enfin il est juste de dire que, dans l'espace, l'un et le multiple sont unis et se pénètrent. C'est ce qu'on exprime en disant que le continu est la synthèse de l'un et du multiple.

Cette définition laisse pourtant échapper ce qu'il y a de plus réel et de vraiment caractéristique dans l'espace et dans le temps. Le nombre lui aussi est une synthèse de l'un et du multiple. Il est pourtant composé de parties discrètes, il n'est pas continu. Le terme de multiple n'indique pas la nature des parties, ni celui d'unité celle du tout, et le mot de synthèse est un de ces mots obscurs qui n'ont pas de signification précise, et qui, pour cela même, sont heureusement choisis pour exprimer une pensée obscure. Il indique ce qu'il y a de singulier dans la quantité continue, qui n'est pas seulement la coordination de la multiplicité sous une unité dominatrice, mais la pénétration de l'une par l'autre, et leur identification dans un tout, dont on peut se former une image, mais dont il est difficile d'avoir un concept distinct.

Quel que soit l'élément qu'il faut ajouter à l'un et au multiple pour former le concept de continu, ce n'est sûrement pas un élément quantitatif. Il donne à la quantité un caractère distinctif et la spécifie. C'est une qualité.

II. — Le temps et l'espace sont homogènes et continus. Ils ont donc un caractère commun. Leurs parties sont liées de la même façon : sans se confondre, elles ne sont pourtant pas entièrement distinctes. Mais outre ce caractère commun, le temps et l'espace ont aussi un caractère spécifique. Si l'unité qui leur est propre ou le lien qui groupe leurs parties, est analogue, l'ordre de ces parties diffère. Quand nous aurons dit que pour le temps cet ordre est successif, nous n'aurons pas éclairci le concept de temps, nous aurons seulement remplacé un mot par un autre. L'idée de succession n'explique pas plus celle de temps, que l'idée de temps celle de succession. Elles sont identiques, et si nous ajoutons que dans l'espace il n'y a pas de succession, que les parties y sont simultanées, nous l'aurons, semble-t-il, défini en fonction du temps et rattaché à une notion plus simple. Mais cette définition est purement verbale. Elle nous apprend que l'espace n'est pas successif, c'est-à-dire n'est pas le temps, sans nous faire connaître comment les parties qui sont simultanées sont disposées et quelles relations elles soutiennent les unes avec les autres.

La simultanéité en effet ne suffit pas à constituer l'espace. Je puis avoir en même temps des sensations, des pensées, des désirs. Ces événements intérieurs, quoique simultanés, ne s'uniront jamais entre eux de manière à me fournir l'intuition ou le concept d'étendue. Il n'est même pas certain que toute simultanéité matérielle se range et s'ordonne dans l'espace. C'est pour quelques chimistes un mystère inexplicable que l'inégalité des poids atomiques. Pour eux un atome est une particule de matière indivisible. C'est l'élément initial des corps simples comme des corps composés. S'il en est ainsi, comment le poids d'un atome peut-il être cent, tandis que celui d'un autre est un ? Comparé au second, le premier est immense, et si le poids est proportionnel à la masse, il doit être cent fois plus volumineux. Pourquoi est-il indivisible ? Qu'est-ce qui empêche de ramener à la même masse tous les atomes et de rendre leur poids uniforme ? Pourquoi, dans toutes les combinaisons se représentent-ils avec la même valeur ? Il peut sans doute y avoir à cette question des réponses diverses, mais toutes doivent faire intervenir un élément distinct de la quantité. Et, pour notre part, nous ne voyons pas pourquoi on n'admettrait pas qu'à volumes égaux des atomes peuvent différer de poids. Pour cela, il faudrait que la multiplicité de la matière, au lieu de s'étaler dans l'espace, pût s'accumuler et se condenser, non pas seulement en faisant disparaître les interstices et les vides qui séparent les éléments voisins, mais en posant sur un seul point ce qui pourrait en occuper plusieurs. La densité de l'atome serait ainsi autre chose qu'une disposition tout extérieure des parties qui le composent, ce serait comme une quatrième dimension. Que cette hypothèse corresponde à la réalité, c'est ce qu'il est difficile de savoir. Mais elle est intelligible et nous aide à saisir le caractère contingent du concept d'espace et aussi ce qu'il a d'original. Si l'intuition sensible ne nous le révélait, aucune combinaison de concept ne nous en donnerait l'idée. L'ordre des parties, soit dans le temps, soit dans l'espace, est quelque chose de primitif qui échappe à toute définition.

Distincts par l'ordre de leurs parties, le temps et l'espace se distinguent encore par leur nature

L'espace tout entier en effet, coïncide successivement avec chacun des moments du temps. C'est même cette coïncidence qui constitue toute la réalité, soit de l'espace, soit du temps. Ce n'est pas l'étendue qui a été ou qui sera qui est réelle, mais celle qui est. Il en est de même du temps. Il y a là un point de coïncidence perpétuel entre l'espace et le temps. Mais si le temps se superpose à l'espace, il ne se confond pas pourtant avec lui, en disparaissant il ne l'entraînera pas dans sa fuite. C'est donc que, même en cet instant fugitif, qui est simple, qui par suite n'enveloppe ni parties ni ordre entre ces parties, il se distingue encore de l'espace. Quel peut être ce caractère qui est inséparable de chacune des portions du temps et de l'espace, qui distingue si nettement le temps de l'espace, si ce n'est encore quelque chose de qualitatif ? Le nombre du reste s'applique sans doute au temps et à l'espace, mais toujours par l'intermédiaire d'une intuition qui le spécifie, jamais directement.

III. — Le temps et l'espace sont les conditions nécessaires du mouvement. Ils n'en sont pas les conditions suffisantes. Pour que le mouvement puisse devenir un objet de représentation, à l'espace et au temps il faut ajouter une direction déterminée. Le cours du temps est unique, et une durée ne diffère d'une autre que par la quantité. Il n'en est pas de même de l'espace. Les voies qu'il contient sont en nombre infini. Elles sont toutes ouvertes et sans changer de durée ni de vitesse, un mouvement les peut parcourir toutes. Comme il n'en peut pourtant suivre qu'une dans un temps donné, il y a un choix à faire et une direction à prendre. Cette direction, quelque complexe qu'elle soit, est qualitative. Elle ne règle qu'une chose, l'ordre des parties du mouvement quel que soit leur nombre. Elle n'est donc pas quantitative et ne dérive pas de la quantité. Le nombre ne la pourrait produire, et sans elle le mouvement n'existerait pas. C'est un nouvel élément qu'il faut ajouter à la quantité pour former le concept de mouvement.

C'est donc par des additions successives que l'on va du nombre, de la quantité pure à l'espace, au temps et enfin au mouvement. Le concept de quantité s'enrichit à mesure qu'on avance. Sa compréhension s'accroît à chaque pas. S'il en est ainsi, on ne pourra expliquer le temps et l'espace par le nombre, ni le mouvement et la direction, qui lui est nécessaire, par l'espace et le temps. Il y a dans le mouvement quelque chose de qualitatif qui s'ajoute à la quantité et qui ne s'en peut déduire.

CHAPITRE II

La direction ne résulte pas du conflit des forces

Nous avons montré que la direction du mouvement, que la qualité ne se déduit pas de la quantité. — Mais la déduction n'est pas la loi du devenir. — La direction n'est-elle pas produite par la quantité? — Importance de cette question.

I. — Pour la résoudre il faut d'abord chercher la cause du mouvement. — Le mouvement ne se suffit pas à lui-même. — Sans l'intervention d'une cause, au sens métaphysique, on n'explique ni son apparition ni sa durée. — On n'explique pas son apparition. — Il ne peut pas avoir commencé, puisque tout mouvement en suppose un autre. — Il ne peut pas être éternel, puisqu'une série actuellement infinie est contradictoire. — On n'explique pas sa durée. — Ses démarches successives ne peuvent trouver une cause dans les démarches précédentes, et par suite restent sans cause. — Le mouvement n'est intelligible que s'il est produit par une force.

II. — Ce terme de force a ici une signification métaphysique. — La force n'est pas un mouvement moléculaire apte à se transformer en mouvement de translation. — Preuve : La force ou l'énergie potentielle d'un pendule parvenu à l'un des points extrêmes de son mouvement d'oscillation, est peut-être un mouvement moléculaire, mais l'énergie potentielle des molécules quand leur vitesse est nulle ou que leur mouvement se ralentit n'est sûrement pas un mouvement moléculaire. — C'est une force, au sens métaphysique. — Cette force a une énergie déterminée, une quantité et en même temps une orientation, une qualité.

III. — On est porté à croire que cette qualité est un résultat de la quantité et que la direction du mouvement résulte du conflit des forces, comme l'évolution de la lutte pour la vie. — Insuffisance de cette explication. — Si la quantité était seule, la direction du mouvement resterait indéterminée. — Tout mouvement serait réversible. — Le conflit des forces suppose la direction du mouvement et ne la produit pas.

Le mouvement, outre la quantité, enveloppe donc de la qualité. Cette qualité est-elle active ? Il semble que dès maintenant on pourrait l'affirmer, si, comme on n'en peut douter, tout être est actif. Ce serait pourtant une conclusion précipitée. De la quantité on ne peut déduire la qualité, ni par suite le mouvement. De la première à la seconde il n'y a pas de passage logique. Mais la déduction logique n'est pas la loi du devenir. Du concept de germe, on ne déduira jamais le concept de plante. Celui-ci est plus compréhensif. C'est pourtant du germe que sort la plante. Darwin n'a pas prétendu, à l'encontre des règles les plus élémentaires de la logique, qu'on pouvait d'un seul concept tirer, par voie de déduction, les concepts de tous les animaux, mais qu'un seul germe, se développant sous l'influence de la sélection naturelle, les avait successivement réalisés tous. Et ceux enfin qui refusent de reconnaître dans la vie un agent spécial et une force directrice, n'ont jamais dit que le concept de vie fût enveloppé dans le concept de force physico-chimique. Mais ils croient que la vie sort des forces physico-chimiques, comme la plante de la graine et la fleur de la plante. N'en est-il pas de même du mouvement? et la quantité non pas abstraite mais réelle ne suffit-elle pas à le produire?

On voit l'importance d'une pareille question. Si la vie est un effet, si elle résulte d'une rencontre, singulière et fortuite, de causes purement matérielles, il est inutile évidemment de demander si elle est active et quelle part il faut lui assigner dans le développement de l'être. Il en est de même du mouvement et de l'élément qualitatif que l'analyse nous y fait démêler. Si cette qualité était un résultat, elle serait évidemment inactive. Pour éclaircir cette question, il faut rechercher la cause du mouvement et de la direction qui lui est inhérente, et sans laquelle il ne peut être. Le mouvement n'est pas en effet le terme auquel l'analyse dans la recherche des causes se doive arrêter. Il a lui-même une cause.

I. — Le mouvement est une série successive et continue de positions dans l'espace. Il suppose et requiert le nombre, le temps, l'espace et une direction déterminée. Ces éléments suffisent pour en former le concept, non pour le rendre réel. Pour qu'il existe en dehors de notre pensée, il faut que sous cette série successive et phénoménale de positions dans l'espace se place une cause active. Que cette cause soit absente, et tout dans le mouvement devient inintelligible, son apparition comme sa durée.

Son apparition est inexplicable. On ne peut dire de lui qu'il commence — il ne peut en effet surgir que d'un mouvement antérieur — ni qu'il est éternel — car il y aurait alors dans le passé un nombre infini, ce qui est contradictoire, et ce nombre infini grandirait sans cesse par l'addition du mouvement présent aux mouvements passés, ce qui rend la contradiction plus palpable.

En outre, le mouvement ne pourrait durer. Le mouvement, en effet, avons-nous dit, est une série successive et continue de positions dans l'espace. Ces positions, quoique liées, continues, sont cependant distinctes. Comment s'opère le passage de l'une à l'autre? Est-ce la première qui produit la seconde? C'est une affirmation dénuée de sens. Ces deux positions ne coexistent pas, elles sont successives. La seconde n'apparaît que quand la première a disparu. Si c'est de celle-ci que celle-là reçoit l'existence ce qui n'est plus agit sur ce qui est, le néant sur l'être. Dira-t-on que ces deux positions ont un point commun, la limite qui les sépare ? Mais la limite n'est pas une réalité, elle est en dehors du réel, c'est le point où il expire. Du reste, que serait cette réalité ? si elle réunit en elle la nature de deux positions successives, de l'antécédent et du conséquent, elle est contradictoire, et, si elle n'a rien de commun avec l'une ni avec l'autre, elle est indéterminée. A moins donc qu'on admette que les positions successives du mouvement ne relèvent que d'elles-mêmes et sortent du néant, il faudra bien, si elles ont une cause, que cette cause soit distincte de ces positions successives et du mouvement phénoménal. Que sera-t-elle sinon la tendance ou la force qui relie le présent à l'avenir ? C'est une conclusion à laquelle on ne peut se dérober.

II. — On a essayé de retirer à ce terme de force toute signification métaphysique. La force ne se distinguerait pas de la série phénoménale. Et ces mots « puissance disponible, énergie virtuelle » désigneraient non pas une entité cachée, mais un mouvement moléculaire apte à se transformer dans des circonstances déterminées en mouvement de translation. « Tout, dit M. Liard, se résout en mouvement apparent et mouvement invisible, mouvement de translation et vibration moléculaire et atomique. Ces divers modes de mouvement se transforment les uns dans les autres, ou plutôt se succèdent les uns aux autres suivant des rapports fixes [1]. » La science, nous le montrerons plus loin, est plus modeste dans ses affirmations. Quand on parle ainsi, ce n'est pas en son nom, mais au nom de la métaphysique et d'une métaphysique très contestable.

Les analyses que nous venons de faire avaient pour objet, non un mouvement particulier, mais un mouvement quelconque, mouvement de translation

---

[1]. LIARD. *La Science positive et la métaphysique*, p. 288.

ou vibration moléculaire. Et elles montrent, nous semble-t-il, que le mouvement ne se suffit pas, que, seul et détaché de toute autre cause, il devient inintelligible. Peut-être cependant reste-t-il quelque obscurité dans l'esprit, et s'imagine-t-on que les deux formes du mouvement s'expliquent l'une par l'autre, que l'énergie actuelle est un mouvement de translation et l'énergie virtuelle une vibration moléculaire, et qu'ainsi le mouvement se suffit à lui-même.

Il est aisé de montrer qu'il n'en est rien. Voici un pendule. Il oscille entre deux positions extrêmes A et B. Quand il part de A, son énergie actuelle est nulle, son énergie potentielle est à son maximum. Dans le trajet de A en B, il y a un échange continuel, ininterrompu entre ces deux énergies. L'énergie virtuelle décroît, l'énergie actuelle grandit, jusqu'à ce qu'il ait atteint la position verticale C. Quand il la dépasse et monte en B, un échange en sens inverse se produit. L'énergie actuelle décroît, l'énergie virtuelle grandit; quand le pendule arrive en B, l'énergie actuelle est nulle et l'énergie potentielle a son maximum. Le mouvement, dit-on, n'a fait que changer de forme, une vibration moléculaire a succédé au mouvement de translation. Soit. Prenons une de ces molécules en vibration. Une vibration, c'est un mouvement de va-et-vient au delà et en deçà d'une position moyenne. On peut l'assimiler à l'oscillation du pendule et lui appliquer le même raisonnement. Il y a un moment où cette molécule arrive à l'une de ses positions extrêmes A ou B, et où son énergie actuelle est nulle, son énergie virtuelle a son maximum. Dans cet instant indivisible, qui sépare l'aller du retour, et où la vitesse du mouvement est nulle, sous quelle forme persiste l'énergie virtuelle? Sous forme de mouvement. Il n'en existe d'aucune espèce, et le pendule et la molécule sont pour un instant immobiles. — Il n'y aurait qu'une réponse possible, ce serait de dire que la molécule décrit un mouvement circulaire et qu'elle est animée constamment d'une vitesse uniforme. Mais il ne se trouvera sûrement pas un seul savant pour admettre une pareille solution. En dehors de cette hypothèse pourtant, pourvu que la vitesse de la molécule varie, et que son orbite soit légèrement elliptique, on retrouvera toujours sous le mouvement une énergie potentielle distincte du mouvement. Elle est réelle. C'est une capacité de mouvement. Qu'est-elle donc? C'est une force au sens métaphysique. On la connaît, on la mesure par ses effets. Mais en elle-même et dans sa nature intime, elle est inaccessible. C'est et ce ne peut être, quelque discrédit qu'on ait jeté sur ce concept, qu'une entité cachée.

Cette force est quantitative. Elle a aussi une qualité. Le mouvement qu'elle va produire est déterminé dans sa vitesse, mais aussi dans sa direction. Cette direction n'est-elle pas un résultat? n'est-elle pas produite par la force elle-même, par la quantité?

III. — On est porté à le croire. Le mouvement suit la ligne de la plus grande force et de la moindre résistance. Sa direction paraît donc être le résultat d'une relation entre ces deux quantités. Pourquoi une balle de plomb que j'abandonne à elle-même, après l'avoir élevée dans l'air, tombe-t-elle avec une vitesse croissante vers le sol ? Parce que la force potentielle qu'elle a emmagasinée dans son trajet de bas en haut, devenue libre, se trouve plus grande que la résistance de l'air. Et si, arrivée sur le sol, elle s'arrête brusquement, c'est qu'elle a rencontré une force supérieure à la sienne. Il y a conflit entre les forces comme il y a lutte entre les espèces vivantes. Et la ligne du mouvement comme celle du progrès est le résultat de ce conflit. C'est à la plus forte que revient la prépondérance ou la victoire. C'est ainsi la même cause qui règle la marche du mouvement et qui dirige l'évolution de la vie.

Cette explication paraît satisfaisante, il n'est pas nécessaire de l'examiner de bien près pour s'apercevoir qu'elle est illusoire. Quand la balle de plomb frappe le sol, la force vive dont elle est animée n'est pas détruite. Elle se transforme en force potentielle. Celle-ci se répartit inégalement entre le sol dont les oscillations sont imperceptibles et la balle elle-même dont les vibrations peuvent être perçues sous forme de chaleur. La relation qui existe entre les forces dont le centre est dans la balle et la résistance de l'air n'est sans doute pas tout à fait la même qu'au début de la chute. Il est pourtant vraisemblable qu'entre ces deux forces l'inégalité persiste. La balle enveloppe une énergie potentielle supérieure à la résistance de l'air. Pourquoi ne rebondirait-elle pas ? Pourquoi même les mouvements du sol ou de l'air se faisant en sens inverse ne viendraient-ils pas restituer à la balle la portion d'énergie qu'elle a perdue et ne lui permettraient-ils pas de remonter à son point de départ? On ne peut, à cette immobilité pas plus qu'au mouvement qui l'a précédée, assigner de raison quantitative. Si la quantité nue était seule, comme elle est tombée, la balle remonterait. Ce n'est donc pas la quantité qui a dirigé le mouvement et provoqué la chute. La direction qu'elle a prise ne résulte pas du conflit des forces, il serait plus juste de dire d'une relation purement quantitative entre des forces voisines : car sans direction les forces ni ne s'unissent ni ne s'opposent, ni, à vrai dire, n'existent, et il ne peut y avoir entre elles ni union ni conflit.

Dira-t-on que la chute de la balle et son arrêt s'expliquent l'une et l'autre par la pesanteur. Sans doute et nous ne le nions pas. Mais par cette réponse on déplace la question sans la résoudre. La force, en effet, qui pousse les corps les uns vers les autres, quelle qu'elle soit, a une énergie d'une intensité fixe qu'on peut déterminer par un nombre. Pourquoi cette force, au lieu d'attirer les corps, ne les repousse-t-elle pas? Quelque réponse que l'on fasse à cette question, on sera toujours forcé d'admettre à côté de la quantité quelque chose qui l'oriente, la dirige et qui, sans l'accroître, en détermine l'emploi.

Qu'on supprime cet élément qualitatif, la pesanteur est une force indéterminée, et il n'y a pas de raison assignable au mouvement d'une balle qui tombe, ni à son arrêt quand elle touche le sol. Le conflit des forces suppose la direction et ne la crée pas. Quantité et qualité sont les deux éléments constitutifs de l'être. Ils sont contemporains et tous les deux actifs.

CHAPITRE III

La direction ne résulte pas du conflit des forces. (*suite*). — La réversion du mouvement.

La qualité est active : Preuve tirée de la réversibilité des mouvements matériels.
I. — Étude de M. Philippe Breton. — Le théorème de la réversion. — La réversion d'une goutte de pluie, d'une pomme pourrie.
II. — On peut tirer de là une preuve de l'activité de la qualité. — Si la réversion, qui est théoriquement possible, est pratiquement irréalisable, c'est donc qu'il y a dans la réalité un élément qui n'est pas enveloppé dans les formules mathématiques. — Cet élément est actif, puisque c'est lui qui empêche le retour en arrière, entrave la réversion, pousse le mouvement dans une direction déterminée et l'y retient.
III. — Si la quantité d'énergie que contient le monde est constante, entre deux moments successifs distants ou contigus, il n'y a pas de différence quantitative. — Ce n'est donc pas la quantité qui détermine la direction du mouvement. — C'est la qualité.
IV. — Confirmation de cette théorie : La réversion dans les êtres vivants et libres, dans l'homme. — Les mouvements moléculaires qui accompagnent la pensée sont comme les autres théoriquement réversibles. — Ici la réversion ne serait pas seulement étrange, elle serait illogique. — Ce qui la rend absurde et ce qui l'entrave, c'est l'événement intérieur et qualitatif auquel elle est liée. — Une induction légitime nous autorise à dire que dans la nature entière c'est aussi la qualité qui s'oppose à la réversion et qui

fixe la direction du mouvement. — La qualité est donc active.

C'est une assertion étrange et qui a une allure paradoxale. Il est pourtant vrai que si le mouvement n'enveloppait rien que de quantitatif, il serait réversible. C'est ce qui a été montré dans une étude publiée par M. Philippe Breton [1], reprise et discutée par le P. Carbonelle [2] et l'abbé Moigno. Il nous semble que ni M. Philippe Breton, ni l'abbé Moigno, ni le P. Carbonelle n'ont vu le profit qu'ils en pouvaient tirer pour expliquer l'intervention de la liberté dans le monde. Ils admettent en effet que la liberté fournit un travail qui n'a pas d'antécédent mécanique, travail si réduit qu'on le voudra, mais réel et nouveau. M. Philippe Breton invite même les savants à tourner de ce côté leurs recherches, et à instituer des expériences pour en constater scientifiquement l'existence. Ce serait une preuve nouvelle de l'immatérialité de l'âme.

C'est une conclusion tout opposée que nous nous proposons de tirer de l'étude de M. Philippe Breton. Elle nous aidera à montrer que l'âme ne produit directement aucun travail mécanique, que son action, quoique réelle, n'est pas mesurable, qu'elle est purement qualitative, et pour nous en tenir à ce qui est ici en question, elle va nous fournir une preuve

1. *Les Mondes*, 2, 9, 16 et 23 décembre 1875.
2. *Revue des questions scientifiques*, oct. 1878.

que la qualité qu'enveloppe tout mouvement, n'est pas le résultat d'un conflit entre des forces inégales, mais qu'elle est elle-même une cause.

I. — Faisons d'abord connaître l'étude de M. Philippe Breton. Son point de départ est un théorème de mécanique qu'il énonce de la manière suivante :
« Connaissant la série complète de tous les états
« successifs d'un système de corps, et ces états se
« suivant et s'engendrant dans un ordre déterminé,
« du passé qui fait fonction de cause à l'avenir qui
« a le rang d'effet, considérons un de ces états suc-
« cessifs, et, sans rien changer aux masses compo-
« santes ni aux forces qui agissent entre ces masses,
« ni aux lois de ces forces, non plus qu'aux situa-
« tions actuelles des masses dans l'espace, rempla-
« çons chaque vitesse par une vitesse égale et con-
« traire... Nous appellerons cela révertir les vitesses ;
« ce changement lui-même prendra le nom de ré-
« version, et nous appellerons sa possibilité, réver-
« sibilité du mouvement du système...

« Or, quand on aura opéré (non dans la réalité,
« mais dans la pensée pure) la réversion des vitesses
« d'un système de corps, il s'agira de trouver pour
« ce système ainsi réverti la série complète de ses
« états futurs et passés ; cette recherche sera-t-elle
« plus ou moins difficile que le problème corres-
« pondant pour les états successifs du même sys-
« tème non réverti ? Ni plus ni moins, et la solution

« complète de l'un de ces deux problèmes donnera
« celle de l'autre par un changement très simple
« consistant, en termes techniques, à changer le
« signe algébrique du temps, à écrire $-t$ au lieu
« de $+t$ et réciproquement. C'est-à-dire que les
« deux séries complètes d'états successifs du même
« système de corps différeront seulement en ce que
« l'avenir deviendra le passé et que le passé devien-
« dra le futur. Ce sera la même série d'états suc-
« cessifs parcourue en ordre inverse. La réversion
« des vitesses à une époque quelconque révertit
« simplement le temps ; la série primitive des états
« successifs et la série révertie ont à tous les ins-
« tants correspondants les mêmes figures du sys-
« tème avec les mêmes vitesses égales et contraires.
« Si l'on considère deux époques dans une de ces
« séries d'états avec les deux époques correspon-
« dantes dans l'autre série, et si l'on compare dans
« ces deux séries les chemins décrits par un même
« corps entre ces deux couples d'époques corres-
« pondantes, on trouvera identiquement le même
« chemin parcouru par ce corps en deux sens oppo-
« sés [1]. »

Ceci posé, M. Philippe Breton se donne le spectacle d'un monde réverti et où tous les phénomènes suivraient une marche inverse de celles qu'ils suivent sous nos yeux et s'achemineraient vers la nébuleuse

1. *Revue des questions scientifiques*, 1878, v. 4, p. 601 et suiv.

primitive, point de départ de l'évolution de l'être.

« Voici une goutte de pluie en l'air qui va tomber
« dans l'eau d'un étang calme. Sa forme est sphé-
« rique et très stable par l'effet de la tension capil-
« laire d'une mince couche superficielle d'eau. Dès
« que le dessous de cette enveloppe tendue touche
« l'eau de l'étang, ce sac capillaire est crevé à son
« point le plus bas, il se contracte vivement et
« chasse l'eau qu'il renfermait au travers de l'eau
« stagnante. L'eau de la goutte pénètre ainsi dans
« l'étang avec la vitesse de chute de la goutte, aug-
« mentée du surcroît de vitesse due à la contraction
« rapide du sac capillaire. Aussitôt après l'eau de
« la goutte ainsi noyée se transforme en un tour-
« billon grossissant en forme de pomme, parce que
« l'eau ambiante qu'elle déplace en dessous d'elle
« revient en dessus, puis redescend par le diamètre
« vertical. Ce tourbillon se recrute ainsi en descen-
« dant aux dépens de l'eau de l'étang par l'effet
« connu sous le nom d'entraînement latéral, et son
« centre de gravité se ralentit, sa vitesse du haut en
« bas étant à chaque instant en raison inverse du
« cube du diamètre acquis suivant la loi des quan-
« tités de mouvement. » Tous ces mouvements sont
réversibles. Les formules mécaniques permettent de
supposer qu'ils se produisent en sens inverse. Cette
réversion est décrite avec une exactitude parfaite
par M. Philippe Breton.

« Voyez-vous, dit-il, le tourbillon en pomme qui

« se met à tourner à rebours ?... L'eau s'y élève par
« son diamètre vertical et redescend par son plus
« grand contour horizontal en contournant la sur-
« face bombée qui sépare l'eau tourbillonnante de
« l'eau ambiante et calme ; tout le tourbillon réverti
« remonte avec une vitesse croissante, et son dia-
« mètre diminue parce qu'il abandonne en repos
« autour de lui les couches d'eau dont il s'est re-
« cruté lorsqu'il descendait. En même temps, les
« ronds dans l'eau superficiels reviennent à leur
« centre en diminuant de diamètre et en augmentant
« de hauteur. Et ils se referment au point où l'eau
« de la goutte revient toucher la surface de l'étang ;
« en même temps, l'ébranlement sonore excité dans
« l'air revient à son centre, et ces trois systèmes de
« mouvements moléculaires se réunissent ensemble
« à point nommé. Il en résulte une protubérance
« faiblissante qui s'étrangle par-dessous et referme
« le sac capillaire sphérique, et voilà la goutte de
« pluie refaite qui commence à remonter en l'air.
« Puis toutes les molécules d'air que la goutte en
« tombant avait dérangées de leur mouvement vien-
« nent lui restituer les actions qu'elles en ont re-
« çues. »

Passons aux êtres vivants :

« Voici une poire pourrie composée de certains
« atomes, carbone, azote, oxygène, hydrogène. Il
« faut seulement étendre le système dont cette poire
« fait partie à tout ce qui a contribué directement

« ou indirectement à sa formation et à sa pourriture.
« Opérons maintenant la réversion dans ce système
« ainsi complété. Voyez-vous cette poire qui se dé-
« pourrit, qui redevient fruit mûr, qui se recolle à
« son arbre, puis redevient fruit vert, qui décroît
« et redevient fleur flétrie, fleur semblable à une
« fleur fraîchement éclose, puis bouton de fleur,
« puis bourgeon à fruit, en même temps que ses
« matériaux repassent les uns à l'état d'acide carbo-
« nique et de vapeur d'eau répandue dans l'air, les
« autres à l'état de sève, puis à celui d'humus ou
« d'engrais dans la terre autour du chevelu des ra-
« cines du poirier. »

II. — Le spectacle sans doute est curieux. Nous espérons qu'il va nous fournir sur le sens et la valeur des équations mathématiques des renseignements précieux.

Les deux séries, la série réelle et la série révertie se correspondent, ou plutôt sauf la direction du mouvement sont identiques. Elles ont à tous les instants correspondants les mêmes figures avec les mêmes vitesses égales et contraires. Leur mouvement peut être connu par les mêmes équations enveloppé dans les mêmes formules. Pour que ces équations s'appliquent à l'une ou à l'autre série, il suffit de changer le signe du temps, écrire $-t$ au lieu de $+t$ et réciproquement. C'est un texte qu'on peut lire dans deux sens différents et contraires, et qui, quelque parti que l'on prenne, demeure toujours intelligible. La réversion du mouvement est concevable, elle est possible. M. Philippe Breton est porté à croire que dans une partie de l'immense univers elle doit être réalisée. Qui nous assure que sur la terre que nous habitons et dans le système solaire dont nous faisons partie, elle ne va pas subitement se produire ?

Dans l'article qu'il a consacré à l'étude de M. Philippe Breton, le P. Carbonelle reconnaît que la réversion est théoriquement possible, mais il croit que pratiquement elle est irréalisable. Elle serait en effet produite par une force extérieure au monde, ou elle serait spontanée.

Or, il n'y a pas de force capable de révertir toutes les vitesses d'un système, « Voyons, dit-il, ce que
« renferme cette condition du retournement des
« vitesses, qui a l'air d'être aussi facile à remplir
« qu'à formuler. Supposons un instant qu'on veuille
« la remplir par l'application de forces extérieures
« à tous les points mobiles de l'univers. Quel serait
« le travail de ces forces ? On peut le décomposer
« en deux parties égales : la première aurait pour
« effet de détruire toutes les vitesses, la seconde de
« produire des vitesses égales en sens contraire.
« Chacune de ces parties peut se mesurer par la
« force vive qui lui est équivalente. Or, on le voit
« pour l'une ou pour l'autre, cette force vive est
« précisément toute la force vive de l'univers... Le

« retournement de toutes les vitesses exigerait donc
« une action énorme, mais quand même on le rédui-
« rait à des proportions moins gigantesques, il serait
« encore absolument impossible de le réaliser par
« des forces mécaniques dans les conditions que
« suppose l'énoncé du théorème. En effet, le retour-
« nement, pour ne point altérer les positions des
« atomes, devrait se faire non en un temps très
« court, mais en un instant. Or, il n'y a pas de
« force mécanique, quelque grande qu'on la sup-
« pose, qui puisse en un instant changer d'aussi peu
« que l'on voudra la vitesse d'un mobile [1] ». La
« réversion ne peut donc se faire sous l'action d'une
« cause extérieure au monde.

Il faut ajouter qu'elle ne peut être spontanée.
« Admettons en effet que ce genre de réversion
« doive un jour se produire, d'après le théorème
« fondamental, les théorèmes qui découlent de l'état
« actuel du monde devront nécessairement, révertis
« et changés en ordre inverse, précéder et amener
« cet état futur ; en d'autres termes, toute la série
« intermédiaire des phénomènes survenue à rebours
« doit être sa propre révertie. Cette série se compo-
« sera donc de deux parties, parfaitement symé-
« triques, égales en durée, dont l'une sera la révertie
« de l'autre. Que sera donc l'état de l'univers juste
« au milieu de cet intervalle de temps à l'instant

---

1. *Ibid.* p. 611.

« précis qui termine la première partie et com-
« mence la seconde? Ce sera un état qui est à lui-
« même son propre réverti, c'est-à-dire un état, qui
« ne change pas par le retournement de toutes ses
« vitesses. Ce sera donc un état où toutes les vitesses
« sont nulles... Mais il est aisé de voir que si un
« pareil état se produit périodiquement dans les
« oscillations planes du point unique qui constitue
« le pendule simple, jamais il ne pourra se produire
« pour l'ensemble des atomes de notre univers... Il
« faut donc reconnaître... que jamais il ne viendra
« un instant où toutes les vitesses seront nulles, et
« que jamais, par conséquent, l'ordre actuel ne sera
« réverti... Ainsi donc, loin de rendre probables les
« phénomènes révertis..., le théorème général de la
« réversion nous démontre que leur existence ne
« peut être admise ni dans l'avenir ni dans le
« passé [1] ».

Ces observations sont justes et cette discussion savante. Elle est, en réalité, inutile, on n'en peut légitimement rien conclure. Elle porte à faux. Le but que poursuit M. Philippe Breton, quoique par moments il paraisse ou la perdre de vue ou n'en avoir pas une conscience bien nette, c'est de montrer que les formules mathématiques ne sont pas adéquates à la réalité, que si elles étaient l'image exacte, la reproduction idéale mais fidèle du réel, le mouvement

1. *Ibid.*, p. 615.

d'un système quelconque serait réversible. Le P. Carbonelle répond : Théoriquement la réversion est possible, en fait elle est irréalisable. Que suit-il de là, sinon que la théorie est en désaccord avec la réalité, que le nombre ne nous fait pas connaître la nature des choses, mais seulement une des formes qu'il revêt, et c'est là justement ce que M. Philippe Breton voulait démontrer. Si les formules mathématiques épuisaient le réel, la réversion qui est possible dans l'ordre idéal devrait être réalisable, et nous aurions à chaque instant quelque sujet de craindre qu'elle ne vînt à se produire.

Mais, dira-t-on, il y a toujours une distance entre le possible et le réel, on ne va de l'un à l'autre que par une synthèse. Pour franchir cette distance et effectuer ce passage, il faut une cause appropriée. La réversion est possible sans doute, il faut pourtant une cause qui la produise. C'est la loi universelle du devenir, et cela ne suffit pas pour établir une contradiction ou du moins un désaccord entre l'idéal et le réel. Cela est vrai, aussi bien ne s'agit-il pas ici d'une possibilité abstraite, du passage d'un mouvement intelligible à un mouvement réel, mais d'un mouvement réel à un autre mouvement réel. Une goutte d'eau tombe dans un étang. Elle pourrait remonter à la hauteur d'où elle est partie. Elle le pourrait, non pas seulement parce que ce mouvement est concevable, mais encore parce que la cause qui a amené sa chute devrait lui faire parcourir avec une vitesse égale, mais inverse, l'espace qu'elle a franchi pour tomber. Si elle tombe en effet, c'est que, durant la chute, une énergie virtuelle se dépense et se transforme en mouvement de translation. Mais, quand la goutte d'eau atteint la surface de l'étang, le mouvement de translation qui s'arrête brusquement est remplacé par des ondulations qui se propagent sur la surface de l'étang et par des vibrations moléculaires. Tous ces mouvements réunis enveloppent une quantité d'énergie précisément égale à celle qui s'est dépensée dans la chute. Pourquoi sous son impulsion la goutte d'eau ne rejaillirait-elle pas jusqu'à son point de départ ? Ce retour en arrière devrait être possible et nous le verrions se produire si la direction résultait d'une relation purement quantitative entre deux forces voisines. Si l'on se refuse à l'admettre, c'est que, inconsciemment, on passe de ce qui serait dans l'hypothèse que nous examinons à ce qui est en réalité, et il est certain que la réversion ne se produira jamais.

Il y a, dira-t-on, une cause qui détermine la chute de la goutte d'eau et qui s'oppose à son ascension, c'est la pesanteur. Sans doute, mais c'est reculer la difficulté plutôt que la résoudre. La pesanteur d'où qu'elle provienne et quelle que soit sa nature, est une force. Elle est mesurable, elle a une quantité. Pourquoi cette quantité qui attire la goutte d'eau ne pourrait-elle pas servir à la repousser ? Il y a évi-

domment une raison qui s'y oppose. Mais qui ne voit
que cette raison, on ne peut la trouver dans la
quantité, que si la quantité était seule nous ne pourrions expliquer pourquoi la goutte d'eau ne va pas
de l'étang dans le nuage, du nuage dans la mer, de
la mer dans les fleuves et des fleuves dans les mon-
tagnes?

En résumé, d'après le théorème de la réversion,
dans un système quelconque de corps, deux états
successifs A et B, dont l'un A est cause et l'autre B est
effet, peuvent être révertis. Qu'est-ce à dire? sinon
que B est apte à faire fonction de cause. On peut
dès lors se demander qu'est-ce qui entrave cette
aptitude et empêche le système de rétrograder.

Le P. Carbonelle croit avoir trouvé une raison qui
rendrait le retour en arrière non pas impossible, mais
souverainement improbable. « Le phénomène direct,
« dit-il, a toutes les chances pour lui, parce qu'il
« consiste dans la dispersion de l'énergie visible en
« une multitude quelconque de mouvements divers ;
« le phénomène réverti n'en a aucune, parce qu'il
« consiste dans la concentration régulière en un
« mouvement visible, déterminé, d'une multitude
« énorme de petits mouvements qui peuvent exister
« d'une infinité de manières, sans aucune tendance
« à la concentration. L'exemple donné....... d'un
« livre formé par la réunion fortuite d'un million
« de lettres suffit à peine à nous faire apprécier de
« pareilles improbabilités ; il y a tant de milliards

« d'atomes dans la moindre goutte d'eau et chacun
« d'eux peut y prendre tant de mouvements divers
« que nous croirions à la formation fortuite de tous
« les livres d'une bibliothèque plutôt qu'au mouve-
« ment réverti d'une seule goutte de pluie. Aussi
« nous rejetons sans hésiter la singulière assertion…
« que M. Breton croit être une conséquence de la
« réversion : « et, comme rien n'autorise à assigner
« des bornes quelconques à l'étendue et à la variété
« du monde physique, comme d'ailleurs toutes les
« combinaisons possibles de vitesse des éléments ma-
« tériels, à un instant donné, sont également pro-
« bables, il est hautement probable ou plutôt il est
« certain qu'il existe, quelque part, dans les profon-
« deurs de l'immensité, un monde où tous les
« phénomènes physiques, dont nous sommes té-
« moins se passent en ordre inverse. » — Malgré
« l'immense étendue et la variété du monde phy-
« sique, la probabilité des phénomènes révertis est
« si faible, grâce entre autres au nombre des « com-
« binaisons possibles de vitesse des éléments maté-
« riels », qu'il n'y a aucune raison de leur assigner
« pour théâtre, dans les profondeurs de l'immensité,
« ni un monde ni une fraction quelconque du
« monde [1] ».

C'est là sans doute une difficulté grave. Elle nous
paraît insoluble. Nous nous contentons de faire ob-

1. *Ibid.*, p. 609.

server que, si elle est valable, ce n'est pas seulement la réversion qui est improbable, mais encore, et au même degré, ce que le P. Carbonelle appelle « le phénomène direct ». « Il y a sans doute des milliards d'atomes dans la goutte d'eau et chacun d'eux peut y prendre des mouvements divers ». Y en avait-il moins dans cette même goutte d'eau quand elle était suspendue à l'état de vapeur dans l'atmosphère, et ces atomes n'étaient-ils pas agités de mouvements divers? Ces mouvements « qui peuvent exister d'une infinité de manières sans avoir aucune tendance à la concentration, » se sont pourtant prêtés « à une concentration régulière pour produire un mouvement visible déterminé. » On peut en dire autant de tous les phénomènes. Une bouture plantée en terre sert de passage aux éléments qui vont former des tigelles, des feuilles, des bourgeons, des fleurs, des fruits. Pourquoi par le même chemin, ces éléments ne retourneraient-ils pas à la terre? Des deux côtés, il y a une concentration d'éléments dispersés et de mouvements divergents. Le phénomène direct et le phénomène réverti ne nous paraissent pas plus probables l'un que l'autre. Et comme l'un des deux est possible, l'expérience le montre, nous devons croire que l'autre l'est également.

III. — Laissons de côté les lois particulières et considérons le monde dans son ensemble; nous verrons plus clairement peut-être la possibilité de la réversion et par suite l'insuffisance de la quantité à fonder la loi et à produire une direction déterminée. La loi de la conservation de l'énergie, nous l'avons reconnu plus haut, peut passer pour certaine. Dès lors, entre deux états du monde successifs, soit distants soit contigus, il n'y a pas de différence quantitative. Le monde va pourtant de l'un à l'autre. Sa marche est ininterrompue et sa direction fixée. Qu'est-ce qui le pousse dans cette voie, et qu'est-ce qui l'y maintient? N'est-il pas évident que ce ne peut être la quantité? Elle est invariable, se prêterait à une direction quelconque, et ne répugnerait même pas à l'immobilité.

De plus, M. Philippe Breton expose un théorème de mécanique et il suppose que les lois de la nature ne changent pas. Ces lois, comme les rives d'un fleuve, contiennent les énergies actives. M. Philippe Breton se demande seulement pourquoi ces énergies suivent une direction unique, agissent toujours dans le même sens, au lieu de retourner en arrière. C'est une question à laquelle la mécanique rationnelle ne fournit pas de réponse. On peut aller plus loin et chercher d'où surgissent les lois qui endiguent ainsi les forces actives, qui leur creusent en quelque sorte un lit, et les empêchent de déborder en tous sens. La loi, même quand le sens du mouvement qu'elle règle reste indéterminé, ajoute déjà quelque chose à la quantité. Elle lui confère une certaine unité, la distingue et la sépare de la quantité ambiante, lui donne un emploi déterminé. M. Philippe Breton établit que la goutte d'eau devrait pouvoir réunir et concentrer toutes les énergies qu'elle a répandues et dispersées dans l'étang, remonter dans le nuage et de là redescendre dans la mer. Mais ce chemin qu'elle peut parcourir dans les deux sens, il le tient pour unique et la loi qui régit ce mouvement pour immuable. Pourquoi ? Les mouvements moléculaires de la goutte d'eau à l'état de vapeur pourraient se propager dans tous les sens, ou même produire un mouvement unique dans un sens quelconque. Nous avons déjà marqué plus haut qu'il ne servirait de rien de faire intervenir la loi de la pesanteur pour expliquer le mouvement direct. Nous ajouterons ici qu'on ne peut faire appel à aucune loi, puisque ce sont les lois elles-mêmes qu'il s'agit d'expliquer.

Si tout était quantitatif, il n'y aurait pas de loi, et, s'il y avait des lois, les équivalences quantitatives qu'elles établissent seraient insuffisantes pour déterminer la direction du mouvement et le sens de l'évolution. A la quantité il faut donc ajouter la qualité active. C'est la qualité qui oriente l'être vers l'avenir et s'oppose à la réversion.

IV. — Si de la matière inerte et privée de vie nous passons à l'homme, en qui se trouvent réunies les formes supérieures de l'être, la vie, la sensation, la pensée, nous y trouverons une confirmation de la théorie que nous venons d'exposer.

A mesure qu'il décrit les phénomènes qui résulteraient de la réversion du mouvement, M. Philippe Breton s'arrête parfois pour marquer l'étonnement que lui cause ce spectacle. Ce monde bizarre lui paraît, sans qu'il puisse nettement indiquer pourquoi, choquer de plus en plus la raison. Mais, malgré son invraisemblance, il n'ose le déclarer irréalisable. C'est seulement lorsqu'il en vient à l'homme qu'il s'arrête et affirme résolument : Ceci n'est pas seulement étrange et contraire à nos habitudes d'esprit, c'est impossible. Ici, en effet, les phénomènes révertis envelopperaient une contradiction. La parole serait entendue avant d'être prononcée, prononcée avant d'être pensée. Le souvenir précéderait la sensation qu'il rappelle, la sensation le désir qu'elle satisfait, le désir le besoin dont il est l'expression, et le besoin, enfin, la privation dont il résulte. L'interversion du temps n'est plus seulement étrange, elle est illogique et nul ne peut hésiter à la déclarer irréalisable. Pourquoi ?

Les mouvements matériels auxquels la pensée, le désir, la sensation sont associés, sont de même nature que les mouvements extérieurs au corps humain. Ils sont régis par les mêmes lois, soumis aux mêmes équivalences quantitatives. Seuls, détachés des événements intérieurs et psychiques auxquels, par des liens qui nous échappent, ils sont certainement unis, ils devraient être réversibles. Ils ne le sont pas pourtant. C'est qu'il y a dans les phénomènes intérieurs un obstacle à ce retour en arrière, une influence directrice qui pousse le mouvement dans un sens déterminé, et qui l'y retient.

M. Philippe Breton se demande avec inquiétude s'il n'y aurait pas dans les formules scientifiques une lacune essentielle, et cherche ce qu'il faudrait leur ajouter pour qu'elles fussent adéquates au réel. Ce ne peut être évidemment une quantité. On suppose les formules exactes et cette exactitude n'entrave pas la réversion. Il faudrait quelque chose qui rendît le retour en arrière impossible. « Si on symbolise
« le temps, dit-il, par un point qui se meut sur une
« ligne droite, il faudrait donner à cette ligne sym-
« bolique une qualité spéciale, laissant ce point se
« mouvoir dans un seul sens et s'opposant à tout
« mouvement rétrograde, comme une barbe d'épi
« de blé (arista) sur laquelle on peut passer le bout
« du doigt facilement dans un sens, et qui accroche
« le doigt quand on veut le faire glisser à rebours
« sur cette arista (arête) [1] ».

Il faut une arête. Mais l'arête la voilà. C'est la qualité. C'est elle qui dans le corps humain s'oppose à tout mouvement rétrograde. Une induction légitime nous autorise à déclarer que c'est elle encore qui l'entrave dans la nature entière.

C'est la qualité qui dirige dans un sens unique les

---

1. *Les Mondes*, 1875, p. 750.

phénomènes qui concourent à la conservation de la vie. C'est la qualité qui, dans les combinaisons chimiques, imprime aux atomes des directions privilégiées, détermine et constitue ce que les chimistes appellent la valence ou l'atomicité. C'est la qualité, enfin, qui dirige le mouvement du monde. Quelle que soit la cause qui produit l'attraction, on peut assurer qu'elle enveloppe simultanément une quantité et une qualité qui la spécifie. La qualité est donc réelle, elle est active.

CHAPITRE IV

La théorie cinétique n'est pas démontrée

I. — Tout est-il mouvement et les lois mécaniques sont-elles les lois universelles? — Théorie purement cinétique : C'est depuis qu'on a substitué la recherche quantitative à l'étude de la qualité que la science progresse. — La lumière, le son, la chaleur et toutes les autres qualités sensibles sont des mouvements. — Les variations de volume des corps ainsi que les changements qui altèrent leur nature résultent des mouvements intestins des atomes. — Il n'y a donc que du mouvement et les lois mécaniques sont les lois universelles.

II. — Critique : Observations préliminaires. — Distinction des lois et des hypothèses physiques. — Les hypothèses sont provisoires. — Opinion de Claude Bernard.

III. — La théorie cinétique n'a jamais passé pour certaine et incontestable. — Elle n'a été proposée par Clausius que comme une hypothèse plausible. — Les calculs qui se fondent sur elle, quoiqu'ils conduisent à des résultats, qui sont d'accord avec les faits, ne peuvent fournir de preuve décisive en sa faveur. — Opinion de M. Poincaré.

IV. — Cette théorie, qui n'a jamais passé pour certaine et incontestable, M. Duhem dès maintenant la tient pour fausse. — Comme elle serait un obstacle à l'action de la liberté et de la pensée, que la conscience nous atteste, nous nous croyons autorisés à accepter, même sans la discuter, l'opinion de M. Duhem et à conclure : Il n'y a pas d'explication mécanique de l'Univers.

Sans l'intervention d'une qualité qui le fixe dans une voie déterminée, le mouvement serait réversible, ou mieux il ne se produirait pas. Il paraît dès lors légitime d'admettre, à mesure qu'on s'élève dans l'échelle des êtres, pour expliquer leurs différences essentielles, l'action d'une qualité directrice. Le témoignage de la conscience prête son appui à cette induction. La qualité, en effet, que, hors de nous, nous ne pouvons atteindre directement est, en nous, l'objet d'une perception immédiate. Et nous sentons que les événements intérieurs qui, eux, sont certainement qualitatifs, ont une influence sur les mouvements matériels qui les accompagnent, en rendent le retour en arrière impossible et même inconcevable. Que nous prenions notre point de départ dans le mouvement ou dans la conscience, nous arrivons donc toujours à la même conclusion. On la trouvera peut-être trop prompte. Quelle que soit, dira-t-on, l'interprétation métaphysique fournie par une analyse subtile du mouvement, le mouvement est la seule réalité objective. C'est ce qu'a démontré l'expérience et c'est à ce résultat qu'aboutit tout le mouvement scientifique moderne.

I. — La science prouve que tout en dehors de la pensée est mouvement. Ses démonstrations, on le reconnaît, n'ont pas partout la même clarté ni la même rigueur. Mais les progrès accomplis déjà témoignent hautement en sa faveur. C'est depuis qu'à la recherche trompeuse de la qualité on a substitué celle de la quantité et que la cause inaccessible a fait place à l'antécédent qui se mesure, que la science est sortie de l'ornière où elle gisait. Les succès obtenus font espérer des conquêtes nouvelles le passé répond de l'avenir.

La lumière et le son résultent des mouvements de l'éther ou de l'air. On se croit autorisé à déclarer que toutes les autres qualités sensibles sont aussi des mouvements.

Les variations dans le volume et dans l'état des corps dépendent des mouvements intestins des atomes. C'est à ces mouvements que sont dus la dilatation, le passage d'un solide à l'état liquide, de l'état liquide à l'état gazeux.

C'est encore par des mouvements que s'expliquent les changements intérieurs qui altèrent la nature des corps. « Les atomes ne sont pas immobiles,
« même dans les corps en apparence les plus fixes
« et dans les combinaisons toutes faites. Au moment
« où celles-ci se forment, les atomes se précipitent
« les uns sur les autres. Dans ce conflit on remarque
« ordinairement un dégagement de chaleur, résul-
« tant de la dépense de force vive que les atomes ont
« perdue dans la mêlée, et l'intensité de ce phéno-
« mène calorifique donne la mesure de l'énergie
« des affinités qui ont présidé à la combinaison...
« Les atomes des divers corps simples ne sont pas
« doués des mêmes aptitudes de combinaison les
« uns à l'égard des autres; ils ne sont pas équiva-
« lents entre eux; c'est ce qu'on nomme l'atomicité.

« Et cette propriété fondamentale des atomes est
« liée sans doute aux divers modes de mouvement
« dont ils sont animés. Lorsque ces atomes se com-
« binent entre eux, leurs mouvements ont besoin de
« se coordonner réciproquement et cette coordina-
« tion détermine la forme des nouveaux systèmes
« d'équilibre qui vont se former, c'est-à-dire des
« nouvelles combinaisons [1] ».

Si tout est mouvement, tout est déterminé d'une manière irrévocable. La liberté et la pensée sont fatalement rejetées loin du monde matériel sur lequel elles n'ont pas prise.

II. — Cette théorie est-elle vraiment démontrée par l'expérience ? Nous ne le croyons pas. Toutes les hypothèses qui la supposent demeurent suspectes. Les lois qui se fondent sur ce postulat sont provisoires et les savants ne manquent pas qui la déclarent fausse.

Avant d'aller plus loin il nous faut écarter une difficulté qui va se présenter à l'esprit du lecteur et qui lui resterait un embarras, si nous ne donnions ici quelques éclaircissements. Dans le livre II nous avons établi que les lois de la nature n'étaient ni contingentes ni approximatives, mais au contraire invariables et absolues. Nous allons montrer que les

---

1. WURTZ. *Discours inaugural de l'association française pour l'avancement des sciences.* Lille, 20 août 1874.

hypothèses physiques paraissent toutes vouées à une ruine prochaine, et que dès maintenant nous avons des raisons de croire qu'elles ne sont pas l'image, mais plutôt, suivant le mot de Lodge, « la parodie de la réalité ». A l'appui de cette opinion, nous allons apporter les témoignages les plus clairs et les plus autorisés.

Ces deux thèses ne sont-elles pas contradictoires? Peut-on affirmer simultanément le déterminisme de la nature et le caractère provisoire des hypothèses physiques ? On le peut évidemment. La loi n'est pas l'hypothèse. Et ni la loi, ni l'hypothèse ne se confondent avec la réalité. Nous avons dit que les lois, telles que nous les connaissons, n'ont jamais une rigueur absolue. Mais nous avons aussi marqué la raison qui nous permettait de passer de cet indéterminisme apparent au déterminisme de la nature. Cependant quel que soit l'écart entre la loi et la réalité, il y a entre eux un accord presque complet. Les lois de la propagation de la lumière ne sont peut-être pas rigoureusement exactes. L'erreur qu'elles enveloppent est certainement très petite. Il n'en est pas de même des hypothèses physiques. Elles peuvent être en complet désaccord avec la nature, et nous en donner non l'image, mais la parodie. Cette erreur ne prouve rien ni pour ni contre le déterminisme de la nature, et c'est un des plus fervents déterministes, Claude Bernard, qui a dit : « Quand nous faisons une théorie générale dans nos

« sciences, la seule chose dont nous soyons certains,
« c'est que toutes ces théories sont fausses, absolu-
« ment parlant. Elles ne sont que des vérités par-
« tielles et provisoires qui nous sont nécessaires,
« comme des degrés sur lesquels nous nous repo-
« sons pour avancer dans l'investigation [1]. » L'hypothèse n'est pas en effet, comme la loi, une simple
généralisation de l'expérience. C'est un effort pour
aller au delà des faits observables et des lois, pour
saisir la vraie nature des choses. C'est une induction
souvent précipitée, presque toujours invérifiable. Il
n'est pas étonnant qu'elle nous égare, et il est certainement légitime de la contrôler.

III. — Celle qui ramène au mouvement tous les
changements qui s'opèrent dans la nature est loin
d'être incontestable. Elle est commode. Elle nous
permet de nous représenter aisément les choses,
mais elle n'a été proposée par les savants que comme
une hypothèse plausible. « Nous prendrons comme
« point de départ de notre analyse, dit R. Clausius,
« dans la théorie mécanique de la chaleur, l'hypo-
« thèse que la chaleur consiste dans un mouvement
« de plus petites particules des corps et de l'éther [2]. »
Cette hypothèse n'est encore qu'une hypothèse.
Sans doute les calculs qui se fondent sur elle se

---

[1]. *Introduction à l'étude de la médecine expérimentale*, p. 63.
[2]. *Théorie mécanique de la chaleur*, traduite par Folie et Ronkar I, p. 28.

trouvent d'accord avec les faits. On aurait tort de voir là une preuve en sa faveur. Ce qui doit nous rendre sceptiques sur la valeur d'une telle démonstration, c'est que, quelque théorie qu'on prenne pour point de départ, le calcul réussit et donne toujours le même résultat. On peut, sans le faire varier, supposer, par exemple, dans la théorie de la lumière que la résistance de l'éther est nulle ou infinie. « Cette hypothèse de l'incompressibilité de « l'éther, dit M. Poincaré, est pour ainsi dire inverse « de la seconde hypothèse, qui conduit à admettre « que la résistance de l'éther à la compression est « nulle. Fresnel a adopté tantôt l'une tantôt l'autre « de ces hypothèses; dans ses calculs, il suppose sou- « vent implicitement, tantôt que cette résistance à « la compression est nulle, tantôt qu'elle est in- « finie [1]. » Loin de blâmer cet emploi successif de deux hypothèses contradictoires, M. Poincaré le déclare légitime. « Les théories proposées, dit- « il, pour expliquer les phénomènes de l'op- « tique par les vibrations d'un milieu élastique « sont très nombreuses et également plausibles. Il « serait dangereux de se borner à l'une d'elles. On « risquerait ainsi d'éprouver à son endroit une con- « fiance aveugle et par conséquent trompeuse. Il « faut donc les étudier toutes, et c'est la compa- « raison qui peut surtout être instructive [2]. »

[1]. *Théorie mathématique de la lumière,* p. 56.
[2]. *Ibid.* Préface II.

Toutes les hypothèses sont plausibles. Soit. Mais vraies? C'est un principe de logique que deux propositions contraires ne peuvent être vraies en même temps. L'une des deux hypothèses énoncées plus haut est donc certainement fausse. Et comme les calculs qui se fondent sur elle, donnent des résultats toujours conformes aux données de l'expérience, n'est-il pas évident qu'on ne saurait trouver dans ces calculs une preuve en faveur d'une hypothèse quelconque ?

Cette conclusion peut paraître étonnante. Comment une hypothèse fausse peut-elle conduire à des résultats vrais ? C'est que, sans doute, elle n'est pas fausse de tous points. La cause réelle et concrète enveloppe deux éléments : l'un qualitatif, l'autre quantitatif. C'est une force qui se mesure et cette force a une qualité spécifique, une nature déterminée. Or le calcul ne s'applique qu'à l'élément quantitatif, au nombre. Pour qu'il réussisse, il suffit donc que cet élément soit exactement connu. Et il l'est en effet.

« Si le calcul donne quelque résultat, dit M. Zanon,
« la cause en est que, dans les équations posées, l'un
« des membres est une simple donnée expérimen-
« tale ; par exemple, on égale la chaleur communi-
« quée à un corps à celle qui est nécessaire pour
« élever la température, augmentée du travail in-
« terne et du travail externe, évalués l'un et l'autre
« en calories. Si l'on exprime la température et le
« travail interne en les représentant par les sym-

« boles de la force vive supposée des molécules, il
« est bien certain que le calcul conduira à des va-
« leurs déterminées et de la vitesse supposée des
« molécules et de leur nombre. Mais, si le mouve-
« ment des molécules est hypothétique, bien plus
« s'il est insoutenable, ces résultats ne sont que les
« valeurs de grandeurs sans aucune réalité, n'ont
« aucune signification et ne confirment aucune-
« ment les hypothèses [1]. »

IV. — On peut aller plus loin et montrer que cette hypothèse, que rien ne confirme, se heurte à des objections que des savants trouvent décisives. C'est ce qu'atteste M. Duhem dans la conclusion de son *Commentaire aux principes de la Thermodynamique*. Quoiqu'elle soit un peu longue, nous la citons tout entière. « Les physiciens, dit-il [2], qui ont traité de la
« Thermodynamique ont placé cette science, vis-à-
« vis de la Dynamique, dans deux positions dis-
« tinctes.

« Les fondateurs de la Thermodynamique ont
« presque tous incliné à faire de cette science une
« application de la Dynamique; regardant la cha-
« leur comme un mouvement très petit et très ra-
« pide des particules qui constituent les corps, la
« température comme la force vive moyenne de ce
« mouvement, les changements d'état physique

1. *Analisi delle ipotesi fisiche*, p. 253, Venise, 1885.
2. *Journal de Jourdan*, 1894.

« comme des modifications dans les éléments carac-
« téristiques de ce mouvement, ils ont tenté de dé-
« duire les théorèmes de la Thermodynamique des
« théorèmes de la mécanique rationnelle ; leurs
« tentatives ont été aisément couronnées de succès
« dans le domaine du principe de la conservation de
« l'énergie; elles ont été moins heureuses quand
« elles ont abordé le principe de Carnot ; malgré les
« essais audacieux de Clausius, de M. Boltzmann et
« de M. H. von Helmoltz, le principe de Carnot n'a
« pu jusqu'ici être déduit d'une manière pleinement
« satisfaisante des propositions de la Dynamique.

« Beaucoup de physiciens ont cherché à rendre la
« Thermodynamique indépendante de toute hypo-
« thèse sur la nature de la chaleur ; ils ont essayé de
« l'établir non sur des théorèmes empruntés à la
« Mécanique rationnelle, mais sur des principes qui
« lui soient propres; Clausius avait déjà été guidé
« dans la rédaction de ses plus beaux Mémoires,
« par le désir de faire de la Thermodynamique une
« science indépendante... élève de G. Kirchhoff,
« M. G. Lippman a préconisé en France cette ten-
« dance qui domine aujourd'hui dans l'enseignement
« de nos facultés.

« Nous avons essayé, dans le présent travail, d'in-
« diquer une troisième position de la Dynamique
« par rapport à la Thermodynamique; nous avons
« fait de la Dynamique un cas particulier de la
« Thermodynamique, ou plutôt nous avons consti-

« tué, sous le nom de Thermodynamique, une
« science qui embrasse dans des principes communs
« tous les changements d'état des corps, aussi bien
« les changements de lieu que les changements de
« qualités physiques.

« Les principes de cette science sont les lois expé-
« rimentales que Sadi Carnot, Meyer, Joule, Clau-
« sius, W. Thomson, Helmoltz ont établies ou éclair-
« cies.....

« Il nous semble qu'une conclusion générale se
« dégage de cette étude : si la science des mouve-
« ments cesse d'être, dans l'ordre logique, la pre-
« mière des Sciences physiques pour devenir seule-
« ment un cas particulier d'une science plus géné-
« rale embrassant dans ses formules toutes les
« modifications des corps, la tentation sera moindre,
« pensons-nous, de ramener l'étude de tous les phé-
« nomènes physiques à l'étude du mouvement ; on
« comprendra mieux que le changement de lieu
« dans l'espace n'est pas une modification plus
« simple que le changement de température ou de
« quelque autre qualité physique ; on fuira dès lors
« plus volontiers ce qui a été jusqu'ici *le plus dan-
« gereux écueil de la Physique théorique*, la recherche
« d'une explication mécanique de l'univers. »

La théorie cinétique, qui n'a jamais été même aux
yeux de ses partisans qu'une hypothèse provisoire
est donc gravement compromise. Et si l'on songe
qu'on ne peut l'admettre sans enchaîner la liberté et

opposer une barrière infranchissable à l'action de la pensée sur le mécanisme, de l'âme sur le corps, on ne pourra nous refuser le droit de la tenir pour fausse et de conclure qu'il n'y a pas d'explication mécanique de l'univers.

LIVRE V

LA CAUSE

LIVRE V

LA CAUSE

CHAPITRE PREMIER

Les formules mathématiques, quoique exactes, ne peuvent fournir le concept de cause. — La cause est qualitative.

I. — La cause n'est ni le mouvement ni la quantité pure. — Le concept de cause fourni par la critique et par la science positive est identique. — Son insuffisance. — Ni l'unité de la pensée ni l'équivalence quantitative ne peuvent lier les phénomènes. — Ils ne peuvent fonder la loi.
II. — La vraie cause est la qualité. — C'est une qualité occulte. — Elle est occulte comme la pensée. — Les formules mathématiques ne sont pourtant pas inexactes. — Leur objet est la quantité et elles n'enveloppent pas d'erreur quantitative. — Mais la quantité n'épuise pas le réel.

Revenons un instant sur nos pas pour marquer le point précis où nous sommes parvenus et recueillir les résultats des discussions qui précèdent. Le but du livre IV, c'est de montrer que la liberté est active, qu'elle peut, sans faire varier la quantité d'énergie qu'il enveloppe, s'emparer du mouvement et lui imprimer des directions imprévues. Pour cela, il faut écarter la théorie cinétique. S'il était prouvé qu'il n'y a dans le monde que du mouvement, que les lois de la mécanique sont les lois universelles, la liberté serait éternellement impuissante. Elle ne pourrait pas plus intervenir dans la direction de l'être et dans son évolution qu'elle ne peut modifier la série des propositions qui constituent une démonstration géométrique ou une déduction métaphysique. Diriger, agir, c'est être cause et il n'y aurait d'autre cause que le mouvement. Tout mouvement dépendrait d'un mouvement antérieur dans sa vitesse comme dans sa direction. Ce serait le règne incontesté de la nécessité la plus absolue.

Nous avons essayé de montrer que cette théorie, séduisante par sa simplicité, était sans fondement. Les savants, qui ne veulent pas dépasser les données de la science et se lancer dans des inductions précipitées, reconnaissent que la théorie cinétique est encore sans preuves et quelques-uns la déclarent fausse.

Si tout mouvement ne se rattache pas nécessairement à un mouvement antérieur, il y a donc d'autres causes que le mouvement. Parmi ces causes peuvent prendre place la pensée et la liberté. Pour que leur action soit réduite à l'impuissance et reste sans influence sur le corps auquel elles sont unies, il ne suffit pas d'établir que l'énergie demeure constante dans le monde ; il faut de plus poser en principe qu'on ne peut diriger une force quantitative que par une force de même nature. Mais admettre cette dernière proposition, c'est supposer qu'il n'y a de réel et d'actif que ce qui est mesurable et, par suite, quantitatif. Or l'analyse nous a fait découvrir, même dans le mouvement, un élément qualitatif, la direction. Et nous avons montré que cette qualité n'est pas le résultat du conflit des forces, qu'elle est primitive et vraiment active. C'est d'elle que la quantité reçoit l'orientation qui lui est nécessaire pour agir. Seule, la quantité, impuissante, demeurerait inerte. C'est pour cela que les formules mathématiques purement quantitatives ne peuvent indiquer en quel sens progresse le mouvement et qu'elles en rendraient la réversion possible.

Cette qualité se retrouve à tous les degrés de l'être, et, à mesure qu'on s'élève, elle grandit en importance et en efficacité. Il n'est pas démontré qu'on ne puisse mouvoir une force que par une force, c'est plutôt le contraire qui serait vrai. La force mesurable, la quantité transmet les directions, elle leur sert de véhicule, elle ne les produit jamais. La vraie cause c'est la qualité.

1. — La conclusion qui sort naturellement de cette longue enquête et qu'il est important de recueillir, c'est que la science positive ne nous donne pas une idée vraie de la cause. La philosophie

critique aime à montrer que les théories sur la substance et la cause, qu'elle déduit à priori de la nature de la pensée, sont en parfait accord avec les données de la science positive. Elle croit avec raison que cette rencontre n'est pas fortuite, elle y voit une marque de vérité. On ne peut nier l'accord des deux doctrines. Comme la première nous paraît certainement fausse, c'est pour nous une marque que la seconde l'est également. Et, en effet, elles donnent prise l'une et l'autre à des difficultés de même nature.

Dans la philosophie critique, ce qui constitue l'unité du monde et ce qui établit entre les phénomènes un lien non pas fortuit, mais nécessaire, c'est l'unité de l'esprit. Ce lien, il serait aisé de le montrer, est en même temps trop large et trop étroit. Il est trop étroit, il tend, en effet, à effacer les différences qui distinguent les phénomènes et à les confondre au sein de l'unité. Il est aussi trop large. L'esprit, en effet, se retrouve identique à lui-même sous tous les phénomènes qu'il perçoit. Il les lie donc tous en un seul faisceau. Qu'est-ce qui nous détermine à voir entre quelques-uns d'entre eux une relation spéciale, un lien de causalité? Ce ne peut être évidemment l'unité de l'esprit, elle nous autoriserait en effet à unir deux à deux des phénomènes quelconques, pourvu qu'ils soient pour nous objet de pensée, et à transformer en relations causales toutes les relations.

La science positive, ou plutôt l'interprétation philosophique qu'on en donne parfois, se heurte aux mêmes objections. Ce qui d'après elle constitue la substance et l'unité du monde, c'est la force qui demeure invariable. Mais, s'il n'y a dans le monde que de la force, et si cette force ne varie pas, d'où procède l'incessante variété de l'être? d'où vient le mouvement? et par quelle voie l'identique produit-il donc le différent? Que signifient ces expressions : le présent est l'héritier du passé, il est gros de l'avenir? Qu'a-t-il reçu et que va-t-il transmettre? Évidemment rien, puisque, à tous les moments du temps, la force demeure identique à elle-même et qu'en dehors d'elle il n'y a rien. La critique nous conduisait à l'unité absolue et par conséquent vide, la science positive nous mènerait à l'inertie et à la mort. Elle donne, par sa théorie de la substance, un fondement à l'unité du monde, mais elle rend inexplicable son évolution et inintelligible son progrès.

La théorie de la cause qu'elle fournit est également insuffisante. La cause n'a plus de signification métaphysique, c'est l'antécédent; l'effet n'est plus que le conséquent. Antécédent et conséquent sont l'un et l'autre des formes du mouvement. Ces formes sont corrélatives, bien plus, équivalentes, et l'équivalence est purement quantitative. C'est elle et elle seule que les formules mathématiques enveloppent. Or nous avons marqué la lacune essentielle de toute loi et de toute formule purement mathématique. Les deux termes que lient ces formules sont deux quantités et deux quantités équivalentes. Il n'y a rien ni dans l'une ni dans l'autre de ces quantités qui leur assigne, d'une manière irrévocable, le rang de cause ou celui d'effet. C'est un rôle qu'elles sont aptes à remplir l'une et l'autre, et rien ne peut s'opposer à la réversion du mouvement. La quantité est impuissante à le fixer dans un sens unique. Si elle était seule, nous n'aurions pas le moyen de discerner dans la réalité l'effet de la cause, ou plutôt il n'y aurait ni cause ni effet.

En outre, il n'y aurait pas de lois. La formule mathématique ne nous indique pas dans quel sens progresse le mouvement et quel est celui des deux termes qu'elle unit qui est cause, ni celui qui est effet. Elle suppose pourtant qu'ils sont liés. Or elle ne peut maintenant fournir un fondement raisonnable à cette liaison. Elle n'en pourrait donner qu'un seul, l'équivalence des termes, et il est insuffisant. L'équivalence en effet peut s'établir entre des termes quelconques. Le mouvement de translation d'une goutte d'eau qui tombe et les vibrations moléculaires qui se produisent quand elle arrive à la surface d'un étang sont équivalents. Mais, si elle s'arrêtait à quelques centimètres au-dessous du nuage, d'où elle est partie, pour se transformer de nouveau en vapeur, l'équivalence entre les mouvements qui se succéderaient ne serait pas moindre, c'est donc sans raison que la chute se continue. On se révolte instinctivement contre ces conclusions, on est prêt à indiquer les lois qui s'opposent à cet arrêt subit d'une goutte d'eau qui tombe. C'est qu'on oublie que nous parlons, non de ce qui est possible, mais de ce qui le serait dans l'hypothèse que nous examinons et qui nous paraît inacceptable. Des relations purement quantitatives entre deux énergies voisines ne peuvent fixer la direction du mouvement ni fournir un fondement aux lois.

II. — Où donc est la cause ? Nous l'avons déjà dit, la cause c'est ce qui détermine la quantité, la spécifie et l'oriente dans une direction déterminée, la qualité. C'est elle qui est vraiment la cause du mouvement et l'ouvrière du devenir.

C'est une qualité occulte? Sans doute, et il y aurait lieu de s'étonner, si on ne connaissait la puissance d'un mot, même vide, que celui-ci suffise à jeter du discrédit sur une doctrine. Qu'y a-t-il d'étrange à ce que les lois de la nature et les qualités de l'être sur lesquelles elles reposent soient cachées? Ne savons-nous pas que la nature est jalouse de ses secrets, qu'il faut l'interroger obstinément et la torturer pour les lui arracher? N'y aurait-il pas lieu de se défier d'une doctrine qui prétendrait que tout est clair, que le fond des choses nous est facilement accessible?

Quand on a tout ramené à l'étendue et au mouvement, on a, semble-t-il, tout simplifié. Mais il faudrait être dupe de son imagination pour croire qu'on a tout expliqué, et que ces premiers principes d'où tout le reste dérive sont vraiment lumineux. Si l'on arrivait à reconstituer tous les mouvements élémentaires qui, dans les théories cinétiques, sont les causes vraiment actives, qu'aurait-on gagné ? Au mouvement on aurait substitué un mouvement, au phénomène un phénomène ; il resterait encore à déterminer la nature et de l'étendue et du mouvement.

Pour Descartes et surtout pour Malebranche, l'étendue était plus claire et mieux connue que l'esprit, le mouvement que la pensée. Cette assertion étrange ne manque pas de défenseurs. Il serait plus malaisé de lui trouver des raisons. La nature intime de l'étendue nous est inaccessible, et, si elle n'était pour nous un objet d'expérience constante, nous serions tenté d'en déclarer le concept contradictoire. La raison ne réussit pas à écarter le mystère qui l'enveloppe. On peut essayer, sans espoir d'y réussir pleinement, d'en nier la réalité. Les difficultés qu'on aura chassées du monde réel réapparaîtront dans le monde intelligible. On les aura déplacées sans profit. Si l'étendue n'est pas intelligible, le mouvement qui la parcourt ne peut l'être davantage. Pour l'imagination, espace et mouvement sont des représentations aisées. Pour la pensée, qui veut aller au-delà des phénomènes et saisir la nature, elles sont impénétrables. Ce ne sont pas des qualités occultes, ce sont des êtres mystérieux.

Ce serait obéir à une crainte puérile que de rejeter une hypothèse, sous le prétexte qu'elle ramène dans le monde les qualités occultes, que la science en veut chasser. La qualité directrice est plus intelligible que le mouvement, elle est analogue à l'activité volontaire qui dirige tous nos actes. Elle est occulte comme la pensée.

Ce qui constitue l'être et par suite la cause, ce n'est ni l'unité vide de l'esprit, ni la multiplicité absolue, mais quelque chose d'intermédiaire, la qualité, qui donne à la quantité l'unité qui lui manque et la direction qui lui est nécessaire pour agir. C'est elle qui constitue le réel, elle que la science mesure, sans cependant l'atteindre dans son fond, et sans l'épuiser tout entière.

Est-ce à dire cependant que la science soit inexacte et ses formules approximatives? S'il y a quelque chose qui échappe à la quantité, n'allons-nous pas ramener ici une conception que nous avons longuement réfutée plus haut, et prouver, sans l'avouer que toutes les lois de la nature sont frappées d'une contingence essentielle ? Non, les formules de la science sont rigoureusement exactes, ou du moins elles peuvent l'être. Mais elles ne nous livrent qu'un aspect de la réalité, la quantité, et elles nous le livrent tout entier. La qualité n'est pas une chose qui s'ajoute à la quantité et qui la puisse faire varier. Elle la spécifie sans doute, lui donne une nature déterminée, mais ne se distingue pas d'elle comme un objet d'un objet. Elle lui est intimement unie. Qualité et quantité sont les deux aspects d'un seul et même être. La qualité nous révèle sa nature et la quantité sa force.

CHAPITRE II

L'action de la pensée et la constance des lois

I. — Comment l'action de la pensée, qui est qualité, se concilie-t-elle avec l'immutabilité des lois ? — Les lois sont immuables mais conditionnelles. — L'intervention de la pensée et de la qualité est un cas particulier du conflit des forces.

II. — La puissance de la qualité n'est pas illimitée. — Elle ne peut faire varier l'énergie des éléments dont elle utilise les forces, ni changer leur nature. — Elle peut opposer les forces, dont elle use, et les dominer les unes par les autres.

La qualité est réelle. Elle est active, elle est la vraie cause. Il reste à se demander comment s'exerce son activité. Ici deux difficultés se présentent. Dans le livre II nous avons longuement réfuté le système de la contingence, nous avons établi que les lois de la nature sont absolues. Il faut donc chercher comment l'action de la vie, de la sensation, de la liberté, peut se concilier avec ces lois que nous déclarons invariables. Et si cette conciliation est possible, il faudra se demander ensuite comment se peut entendre cette action qui paraît n'avoir rien de commun avec la causalité physique.

1. — Voyons d'abord si l'intervention de la qualité rencontre dans l'immutabilité des lois un obstacle invincible. Si le monde était régi par une loi unique, ou si, les lois étant multiples et différentes, les êtres qui leur sont soumis n'avaient pas de communication les uns avec les autres, cette difficulté n'existerait pas. Les lois auraient une sphère déterminée où leur empire serait absolu et leur puissance incontestée. Mais il n'en est pas ainsi. L'homme par exemple a un corps; ce corps est retenu à la terre par son poids, il a une masse qui résiste au mouvement qu'on voudrait lui imprimer. En outre, il est composé d'éléments simples qui se combinent suivant des proportions définies et qui par une sorte de combustion entretiennent le tourbillon vital. Ce corps est vivant, il éprouve des sensations, il pense et il veut. Aux qualités physico-chimiques se superposent la vie, la sensation, la pensée, et c'est à la même matière que ces propriétés sont toutes attachées. La même portion du cerveau, la même molécule est à la fois pesante, résistante, apte à produire une combinaison déterminée et en même temps elle est le siège de la vie et de la sensation, elle sert d'instrument ou d'auxiliaire à la pensée. Si les lois physiques sont absolues, comment cette molécule pourra-t-elle se prêter à un mouvement qui ne résulte pas d'un mouvement antérieur ou d'une impulsion proportionnelle à sa masse et subir la direction de la vie? Et comment la combustion intérieure, à laquelle elle

participe, pourra-t-elle s'activer ou se ralentir sous l'action de la pensée ou l'effort de la volonté, si les lois de la chimie sont immuables?

La réponse nous paraît aisée. Les lois sont immuables sans doute, mais elles sont conditionnelles. Un corps abandonné à lui-même tombe vers le sol avec une vitesse croissante, — à moins qu'il ne soit arrêté dans sa chute. Un gaz plus léger que l'air s'élève — à moins qu'il ne soit soumis à une température qui le liquéfie. Les lois se font obstacle les unes aux autres, les causes sont en conflit perpétuel, et la marche du monde est le résultat de cette lutte incessante. C'est, nous l'avons déjà dit, ce qui rend si difficile la connaissance exacte des lois. Mais par ce conflit l'immutabilité des lois n'est pas atteinte. Le principe de causalité sur lequel elle se fonde s'énonce de la manière suivante : une même cause dans les mêmes circonstances produit toujours les mêmes effets. Mais il est évident que les effets varient, si les circonstances elles-mêmes changent. Ces circonstances ou ces causes, qui agissent concurremment avec la cause principale, peuvent être matérielles, elles peuvent ne l'être pas. De même que mon bras est arrêté par un obstacle, il est retenu par ma volonté. Ce n'est pas une anomalie. C'est un cas particulier du conflit des forces.

11. — Les êtres ne sont pas isolés, les qualités intérieures qui les constituent agissent les unes sur les

autres. La volonté peut s'emparer des forces vitales et la vie peut utiliser à son profit les forces physico-chimiques. Cette puissance n'est pourtant pas absolue. Elle rencontre dans les lois qu'elle contrarie et dont elle suspend momentanément l'effet, tout à la fois un obstacle et un appui.

Le premier obstacle qu'elle rencontre et qu'elle ne peut franchir, c'est la loi de la conservation de l'énergie. La volonté peut éveiller et tirer de leur torpeur les forces disponibles de l'organisme, auquel elle est unie. Elle ne peut les accroître. Ces forces ont une limite, quand elle est atteinte, elles s'arrêtent ou fléchissent. Et il n'y a pas de tension de la volonté qui puisse les porter en avant ou les soutenir. Dépasser, dans un bond, une certaine hauteur, rigoureusement déterminée par la quantité d'énergie accumulée, est aussi impossible à un homme qu'il lui est impossible d'ajouter un millimètre à sa taille ou un milligramme à son poids. Il a la liberté de profiter de la force qu'il a reçue ou de la laisser inactive. Il ne peut l'accroître.

Il ne peut pas davantage en changer la nature. La fonction de la vie est de placer les forces physico-chimiques dans les conditions où peuvent se produire les combinaisons d'où résulte le tourbillon vital. La vie est directrice. Mais elle ne peut ni altérer ni perfectionner les éléments qui sont mis à sa disposition par la nature. Et quand ces éléments sont en présence, elle ne peut entraver leurs combinaisons. Si un poison est introduit dans un corps vivant, la vie ne pourra sûrement pas s'opposer à son action destructrice. Un homme, quelles que soient ses dispositions intérieures, subit fatalement l'influence des agents qui pénètrent dans son organisme. Un narcotique l'endort, un excitant l'éveille. Et c'est du jour où cette relation entre la cause et l'effet a été regardée comme inviolable, du jour où l'on a étendu aux fonctions de la vie le déterminisme, que la physiologie est enfin entrée dans la voie du progrès.

La pensée et la vie, quand elles agissent sur les forces qui leur sont subordonnées, se heurtent à des résistances, qui restreignent et limitent leur action. Les lois de la nature inférieure leur sont un obstacle, mais aussi elles leur offrent un appui. La liberté ou une spontanéité quelconque peut opposer les forces les unes aux autres, et par là modifier leur action, et suspendre l'effet de leurs lois. Si un animal, à une certaine hauteur du sol, manque subitement d'appui suivant la loi de tous les corps graves, il tombera avec une vitesse croissante. Son attitude pendant la chute et au moment où il atteint le sol est déterminée par la position de son centre de gravité. Peut-il le déplacer, et par suite, à son gré, ou plutôt obéissant à l'instinct de conservation, retomber toujours sur ses pieds? C'est une question qui fut récemment examinée à l'Académie des sciences, et qui fut d'abord résolue négativement. Un animal, pensait-on, ne peut pas plus déplacer son centre de gravité que changer son poids. Comme cependant il est certain qu'un chat, quelle que soit sa position au début de la chute, quand il touche le sol se retrouve toujours sur ses pattes, et que par suite, dans ce trajet de haut en bas, suivant le besoin, il demeure immobile ou il tourne sur lui-même, il fallait trouver une cause à cette immobilité ou à cette rotation. On crut d'abord qu'au début de la chute le chat prenait, pour évoluer dans l'air, un point d'appui sur les mains qui le lançaient. De nombreuses expériences furent faites, et des photographies instantanées montrèrent les phases diverses de la chute. Elles montrèrent aussi que l'explication donnée était illusoire et qu'il fallait revenir à celle qu'on avait d'abord écartée comme inacceptable. L'évolution du chat pendant qu'il tombe n'est pas le résultat de l'impulsion qu'il se donne à lui-même et, par suite, il n'a pas besoin de point d'appui. Il déplace réellement son centre de gravité. Un pareil déplacement serait évidemment inintelligible dans un corps inerte et rigide comme une pierre et qui ne pourrait modifier la position relative de ses parties. Mais il n'en est pas ainsi d'un animal. Un chat peut mouvoir ses membres, les étendre ou les rapprocher de son corps, et ce corps lui-même, quoiqu'il soit moins maniable que les membres, il peut le fléchir dans un sens ou dans l'autre. Par là il en modifie la figure, déplace réellement le centre de gravité, et dès lors, tournant sur lui-même, il retombe, s'il le désire, sur ses pattes. Il a usé à son profit des lois de la chute des corps et les a fait servir à ses fins. Mais pour cela, il a dû pendant un instant très court les violer. La chute sans doute n'a pas été interrompue, mais une ou plusieurs parties du corps ont été redressées, et à ce moment précis la force de la pesanteur a été vaincue. Par quoi? par la force mécanique, qui était dans l'organisme, et qui a été subitement mise en liberté dans une proportion et dans un sens déterminé pour produire un effort. Cette force préexistait dans le corps. Il y a équivalence parfaite entre le mouvement produit et la force dépensée. La loi de la conservation de l'énergie n'a donc pas été violée. C'est en opposant une loi à une loi, une force à une force, que le chat exécute sur lui-même un mouvement de rotation et qu'il retombe sur ses pattes.

C'est là un exemple du secours que les forces de la nature prêtent à la spontanéité intérieure et des services qu'elles lui rendent. On pourrait les multiplier. Ce serait sans profit. Outre qu'une étude de ce genre serait purement physiologique, elle devrait, pour être vraiment scientifique, être complète. Il faudrait donc décrire la série entière des phénomènes qui va de l'événement intérieur, sensation, image, appétition ou désir jusqu'au mouvement des membres. C'est ce qui est impossible. Nul ne sait sous quelle forme persiste dans le corps la force potentielle qui doit passer à l'acte. Le témoignage des savants que nous avons apporté plus haut le prouve abondamment. De plus, on ignore à quel point précis se fait sentir l'intervention de la spontanéité chez l'animal ou de la volonté chez l'homme. Est-ce dans le cerveau? Est-ce sans intermédiaire dans le membre qui est mû? On l'ignore. Qu'il nous suffise donc d'avoir indiqué rapidement que la qualité directrice pouvait exercer son action en s'appuyant sur les lois de la nature et sans porter atteinte à leur immutabilité.

CHAPITRE III

Vraie notion de la causalité. — La cause ne s'altère pas en agissant.

L'action de la qualité, qui n'a rien de quantitatif, est-elle intelligible ?
I. — Notions inexactes de la causalité. — La cause en agissant ne livre pas une partie de son énergie. — Preuves : La transmission du mouvement. — Le mouvement n'est pas amorti par l'action qu'il exerce, mais par celle qu'il subit. — La persistance de la force. — Si elle n'a pas faibli, c'est qu'elle ne s'use pas en agissant. — Preuve tirée du concept de devenir. — Tout effet est entièrement nouveau. — Il n'emprunte rien à la cause et ne peut l'amoindrir.
II. — Ceci posé, si la cause ne livre pas une partie d'elle-même pour produire son effet, l'action de la pensée est assimilable à toute cause et devient intelligible. — Pour agir il n'est pas nécessaire qu'elle se transforme en mouvement. — Efficacité de cette action intérieure. — La pensée s'empare des forces vitales, la vie des forces chimiques. — Les systèmes examinés plus haut préparent l'esprit à cette idée de la cause et de l'activité.

I. — Arrivons à la seconde question.

Comment se peut entendre cette action qui est purement directrice et qui n'a rien de quantitatif ? C'est une question à laquelle il est difficile de donner une réponse complète. Il y a dans tout fait de causalité quelque chose qui nous passe. Nous ne pouvons dire pourquoi la qualité dirige le mouvement. Mais savons-nous pourquoi le choc le suscite et le provoque ? Un voile nous dérobe la nature intime des choses. Nous ne l'écarterons jamais entièrement. Le devenir nous sera toujours une énigme. Mais après avoir établi qu'entre la qualité et la quantité il y a une relation causale, nous pouvons essayer de montrer que cette relation n'a rien de singulier et qu'elle est analogue à celle que l'expérience nous révèle et nous fait constater dans la nature entière. Nous sommes portés à croire le contraire. La qualité directrice, la vie, la sensation, la pensée agissent sans subir de pertes. Le mouvement sur lequel leur influence s'exerce et qu'elles dévient ne les amoindrit pas. Elles produisent un effet sans rien perdre d'elles-mêmes, sans être entamées. La cause physique au contraire, telle que l'expérience nous la montre, semble s'épuiser par l'action, et n'agir qu'en aliénant une partie de sa force. C'est là une fausse apparence. Il est facile de le montrer.

Le mouvement, dit-on souvent, se conserve, se transmet, se fractionne, se divise. Ces expressions ne sont pas inexactes. Il faut pourtant les interpréter. Entendues littéralement, elles seraient dénuées de sens. Le mouvement est un changement, une succession ininterrompue de positions dans l'espace. Dire qu'il se conserve, c'est affirmer qu'il y a entre deux moments du temps une relation d'équivalence, mais non pas une identité. Il serait absurde de prétendre que deux mouvements qui n'occupent ni la même position dans l'espace, ni la même situation dans le temps, sont identiques?

Le mouvement ne peut donc se transmettre. Quand un mobile rencontre sur sa route un corps en repos et le met en branle, il ne lui abandonne pas une partie du mouvement qui l'animait lui-même, il en suscite un nouveau, qui lui est équivalent. Transmettre le mouvement, c'est donc le produire, c'est agir.

Cette activité ne s'épuise pas par son exercice. Si un corps en mouvement est subitement arrêté ou ralenti dans sa marche par la rencontre d'un autre, cet arrêt ou ce ralentissement n'est pas la suite naturelle de l'action qu'il exerce, mais de celle qu'il subit. S'il ne rencontrait pas d'obstacle et ne subissait aucune influence extérieure le mouvement conserverait toujours la même vitesse et la même direction, il serait éternel. Laissons de côté les hypothèses ou les cas particuliers, et considérons l'ensemble des causes. Si, comme nous le croyons démontré, la somme de l'énergie potentielle et actuelle dans le monde est invariable, il faut bien admettre que la force agit sans s'épuiser par son action et sans être altérée par le temps. C'est une source intarissable. C'est grâce à elle que se perpétue le mouvement.

Cela contredit sans doute les préjugés que la sensation nous impose. Il nous semble toujours qu'agir c'est se mouvoir; et que la force, ou le mouvement qui en découle, ne peuvent rien produire qu'en perdant une partie de leur énergie. Nous croyons volontiers qu'on peut mesurer leur fécondité sur les pertes qu'ils subissent, et que c'est en quelque sorte leur substance qu'ils communiquent à leurs effets. Le déchet continuel d'une cause en exercice nous paraît naturel. Nous avons une tendance à penser qu'elle s'épuise même par son existence, que le temps la consume et qu'elle doit disparaître uniquement parce qu'elle a duré.

S'il en était ainsi, il faudrait renoncer à tout progrès. Le monde, au lieu de s'élever laborieusement vers une perfection toujours plus haute, glisserait sur une pente qui se terminerait fatalement au néant. Pour écarter cette crainte, il faut bien admettre, comme la raison le suggère et comme la science paraît le démontrer, que la cause n'a rien à craindre ni du temps ni d'elle-même, qu'elle ne s'use ni ne s'épuise et que c'est du sein de l'immobilité qu'elle suscite le mouvement et qu'elle le maintient.

Cette conclusion, qui paraît difficile à accepter, peut être démontrée à priori. La raison n'entend pleinement que l'identique. Le devenir lui est un tourment. Et c'est dans l'histoire de la philosophie une tentative sans cesse renouvelée que de le ramener à l'identique. Tentative nécessairement infructueuse. Quelque parti que l'on prenne, en effet, le devenir subsiste, et, par essence, il est le passage du différent au différent. On peut dire qu'il n'est qu'une illusion, mais une illusion est encore quelque chose de réel. Fussé-je le seul être existant, si je crois voir un changement, ce changement existe au moins dans mon esprit, qui passe successivement par des états différents. Cette succession d'états enveloppe une nouveauté incessante qui demande une explication.

Dira-t-on que l'effet se préexistait dans la cause? Mais il faut bien qu'entre cette préexistence et son existence actuelle il y ait une différence. S'il en était autrement, en quoi consisterait la causalité? et comment se concevrait le passage de la cause à l'effet?

On objectera peut-être que ce qui change, c'est la forme de l'être, mais que sous cette forme il y a le mouvement, et sous ce mouvement la force, qui l'un et l'autre ne varient pas. Sans doute, mais cette forme est réelle, elle se renouvelle sans cesse, et le mouvement lui-même qu'est-il, sinon une nouveauté incessante? Il y a donc dans l'effet quelque chose qui réellement, et dans toute la signification de ce terme, est produit, qui n'était pas et qui est. C'est cela seul qui est un effet.

Or, s'il en est ainsi, n'est-il pas évident que l'effet n'est pas une portion de la cause, qu'il ne lui a rien emprunté et qu'il ne l'a pas amoindrie en surgissant. Tout ce qui de la cause passerait dans l'effet serait enlevé au devenir, ne serait pas vraiment un effet. Tout ce qui ne lui est pas emprunté la laisse intacte, et c'est là proprement ce qui est un effet.

Il suit de là qu'il faut admettre l'identité universelle et l'universelle immobilité, ou reconnaître que la cause amène sans cesse à l'existence quelque chose de nouveau, et que, dans cette production, elle ne s'épuise ni ne s'amoindrit. Entre ces deux hypothèses il n'est pas difficile d'opter, le devenir est un fait d'expérience qu'on ne peut nier et l'existence de la cause aussi bien que sa nature s'en déduisent immédiatement.

II. — Ceci posé et admis, l'action de la pensée sur le mécanisme devient sinon pleinement intelligible, du moins assimilable à tout fait de causalité. Pour que la pensée suscite et dirige le mouvement, il n'est pas nécessaire que, par une déchéance d'ailleurs inexplicable, elle se transforme et devienne elle-même du mouvement. De son côté, le mouvement éveille la sensation et la pensée, il les maintient et les modifie sans leur rien céder de son énergie. Pensée et mouvement agissent l'un sur l'autre par leur seule présence. Il n'y a pas entre eux un échange d'activité, mais il y a ce que cet échange recouvre de réel, à savoir : action et réaction. Et comme la pensée est qualité pure, les modifications qu'elle subit sont qualitatives, celles qu'elle transmet le sont également. Dans le mouvement elle change la direction et laisse intacte la quantité ou l'intensité de la force qu'elle recouvre.

Son action est plus efficace que celle des causes mécaniques parce qu'elle est plus intime. C'est directement, et sans l'intermédiaire de la quantité, qu'elle s'exerce et se transmet. Elle n'aborde pas l'être par sa surface extérieure. Elle le saisit par ce qu'il a de plus profond, et c'est à leur source qu'il s'empare de ses forces. C'est de là que la pensée exerce son influence souveraine, qu'elle suscite le mouvement, le dirige, le renverse, l'arrête. Cet empire de la pensée sur la force, la conscience nous l'atteste, son témoignage est irrécusable.

Moins apparente et moins accessible à l'observation dans le reste de la nature dont nous ne voyons que les dehors, cette activité se fait partout pressentir. Conduire un animal, en éveillant tour à tour et d'une manière opportune ses sympathies ou ses antipathies, est chose relativement aisée. En lui suggérant des images agréables ou désagréables, nous pénétrons jusqu'au centre d'où émerge toute sa vie sensible et nous en prenons sans effort la direction. Le dominer, au contraire, ou lui résister, en opposant une force à sa force, est une entreprise laborieuse et dont souvent nous ne pouvons venir à bout.

Ce que l'idée ou l'image produit dans l'être pensant ou sensitif, la vie le fait à son tour dans les végétaux. Elle s'empare des forces physico-chimiques.

On lui a contesté cet empire et quand on a réussi à effectuer, sans son concours, les décompositions ou les synthèses qui paraissaient jusqu'ici son œuvre propre, on a cru pouvoir tourner contre elle ces découvertes. C'est triompher trop promptement. Quand on songe aux difficultés qu'on rencontre pour simuler son action et aux auxiliaires puissants, auxquels il faut recourir pour la suppléer, on n'est pas loin de penser que ces brillantes expériences, qui devaient chasser définitivement le principe vital et de la science et de la réalité, ont eu pour résultat d'attester son action et de la mettre en lumière. Quels fourneaux ne faut-il pas chauffer à blanc pour décomposer l'acide carbonique? Cette décomposition, la vie l'opère à la température ordinaire, et les éléments à l'aide desquels elle la produit sont impuissants sans son concours.

Les forces chimiques à leur tour réussissent à accumuler sous un étroit espace une quantité énorme de force mécanique. Cette accumulation, les lois mécaniques ne l'expliquent pas et ne l'eussent jamais fait pressentir.

Il semble que l'être est comme enveloppé de plusieurs enceintes concentriques. Plus on s'éloigne de la surface pour se rapprocher du centre, plus l'être se dégage de la matière. Et l'action qu'il exerce en devient plus aisée et plus puissante. Dans l'homme, c'est au centre même que se trouve la pensée, et c'est de là que son influence, si énergique et si décisive, se propage sans effort.

C'est vers cette solution que les systèmes examinés au début de ce travail acheminent la pensée.

Ni l'art ni la nature ne parviendront jamais, comme le croit M. de Saint-Venant, à amener des forces accumulées, à un degré de tension, tel qu'une impulsion nulle soit suffisante pour les débander. Les solutions singulières, que M. Boussinesq veut utiliser au profit de la vie et de la liberté, ne tomberont jamais du domaine de l'abstraction dans celui de la réalité. Du reste, si un mobile se trouvait dans un état de parfaite indétermination, il n'en pourrait être tiré par une force extraphysique. Mais ces deux solutions, en mettant sous nos yeux, ou en nous faisant concevoir un système de forces, qui n'a besoin pour se mettre en branle que d'une impulsion infinitésimale et qu'on voudrait nulle, préparent l'esprit à se faire une idée juste de l'organisme vivant et à concevoir un être qui n'attend rien de l'extérieur qui se meut lui-même, en un mot qui est spontané.

C'est de même une vue très juste des choses, et une réaction très opportune contre la science, ou plutôt contre une philosophie qui se dit son interprète, que de ramener au sein du réel la qualité qu'on en voulait chasser. Mais c'est méconnaître sa nature que de croire qu'elle peut, par sa présence, faire varier la relation quantitative de deux termes. En s'ajoutant à la quantité la qualité la détermine et la spécifie, elle ne la fait ni décroître ni grandir.

CHAPITRE IV.

LA LIBERTÉ.

La liberté seule réalise pleinement le concept de cause.
I. — Il est difficile d'entendre la liberté. — Cette difficulté résulte de la nature de l'intelligence. — Il y a dans le réel un élément que tout concept abstrait laisse échapper. — Nous ne donnerons pas de preuve de la liberté. — Le témoignage de la conscience nous suffit.
II. — La conscience de la liberté n'est pas contradictoire. — Elle ne suppose pas une science infinie. — Elle ne peut être illusoire.
III. — La liberté est le fondement de la causalité. — C'est par elle que toute cause devient intelligible.

1. — Cette doctrine sur la nature de l'être et de la cause nous conduit naturellement à la liberté. C'est la liberté seule qui réalise pleinement le concept de cause. Nous avons jusqu'ici cherché à expliquer son intervention dans le monde matériel, nous avons négligé d'établir son existence. Qui en doute? On peut la nier du bout des lèvres. Mais la nature, plus forte que les systèmes, nous empêche d'adhérer pratiquement à cette négation. Et le témoignage intérieur et incessant de la conscience nous interdit même un doute persévérant. La liberté, en effet, est l'objet d'une expérience immédiate où l'erreur ne se peut

glisser et qui dépasse en évidence et en certitude les démonstrations les plus rigoureuses et les raisonnements les mieux fondés.

Nous ne nions pas la difficulté qu'il y a à faire coïncider l'idée de la liberté avec nos concepts abstraits, mais cette difficulté tient à la nature de la pensée abstraite, incapable d'épuiser le réel. Une combinaison de concepts, quelque ingénieuse qu'elle soit, ne suggérera jamais l'idée d'une couleur à celui qui ne l'a pas déjà perçue. — L'étendue est une et multiple comme le temps. Nous ignorons ce qu'il faut ajouter à l'unité et à la multiplicité pour que le temps se distingue de l'espace, et ce qui suffit pour former le concept plus général de continu. — Dans le fait de l'existence qui paraît si simple, et peut-être précisément parce qu'il est simple, il y a quelque chose qui se dérobe à tout concept. Quand nous avons décrit un objet, nous pouvons ajouter qu'il est, qu'il existe, mais ce terme d'être, d'existence est une catégorie générale qui laisse échapper ce qu'il y a de singulier dans l'existence que nous voulons désigner. Il en éveille sans doute l'idée, mais il serait incapable de nous la donner si nous ne l'avions reçue déjà du contact du réel. Ce qu'il faut en conclure, c'est que l'expérience est une connaissance immédiate, à la fois plus précise et plus pleine que la pensée abstraite. Rejeter ce qu'elle nous offre, parce que nous ne pouvons le saisir par la raison — qui à cet égard est moins vigoureuse et surtout moins compréhensive

— est vraiment une duperie. Pour aller à la vérité, nous n'avons pas le choix des moyens, il faut user de ceux que la nature met à notre disposition. La conscience nous fait connaître l'existence de la liberté. Cela nous suffit, et toute démonstration nous paraît superflue.

II. — Cette conscience de la liberté est contradictoire d'après Stuart Mill, impossible d'après M. Fouillée. Elle est contradictoire, puisqu'elle suppose qu'on peut constater par une expérience intérieure et immédiate ce qui n'est pas : ou l'acte futur avant même qu'on agisse, ou l'acte qu'on aurait pu poser, et qu'en fait on ne pose pas, au moment même de l'action. — Elle est impossible, car elle supposerait une science universelle. Pour savoir que nous sommes indépendants, il nous faudrait connaître dans sa nature et dans ses relations la force qui va produire l'acte libre. Or cette force est d'une complexité telle, et les relations qu'elle soutient avec l'ensemble du monde sont si multiples et si variées, qu'elle échappe sûrement à la conscience. La force active en effet résulte de nos tendances ou de nos passions. Celles-ci sont liées à l'état de l'organisme et se modifient avec lui. L'organisme nous vient de la nature, ne cesse pas de lui être uni et subit le contrecoup de ses variations. L'acte libre se relie donc à tout. Pour avoir conscience de notre indépendance, il faudrait être assuré que cette chaîne qui va de notre pensée au monde est rompue, et que les ruptures apparentes que nous croyons constater, doivent être attribuées à la nature et non pas à notre ignorance.

Mais on peut répondre à Stuart Mill, qu'avant l'action nous pouvons avoir conscience de la force qui va la produire et sentir tout à la fois qu'elle est indéterminée et maîtresse d'elle-même. Et au moment même où nous agissons, nous pouvons être avertis par un sentiment intérieur que l'acte posé n'épuise pas notre faculté, et qu'elle était apte à produire l'acte contraire.

Pour avoir la certitude de cette indépendance, il n'est pas nécessaire de tout savoir. Sans doute, les forces qui vont entrer en jeu pour produire l'acte libre sont innombrables; les tendances et les passions qui y concourent et qui semblent le rendre nécessaire, sortent d'un fond où la conscience est intermittente et obscure. Nous ne pouvons déterminer leur nature, ni les suivre dans leur marche, ni mesurer leur violence. C'est seulement quand elles émergent des profondeurs inaccessibles où elles prennent naissance, et affleurent les sommets où tombe la lumière de la pensée, qu'elles nous sont bien connues. Mais quelle que soient leur origine et leur nature, qu'importe, pourvu que la liberté, qui, elle, est pleinement consciente, et qui se sait maîtresse de ses actes, s'en empare et les conduise. Nous ne savons d'où part le mouvement, mais nous pouvons dire l'instant où nous en prenons la direction. Cette intervention est pleinement consciente, et si nous la sentons libre, c'est qu'elle l'est.

Cette conscience est illusoire, dit M. Fouillée, et de plus, pour expliquer tous les actes qu'on attribue à la liberté, l'idée de la liberté suffit.

Est-ce idée ou croyance qu'il faut dire? Pour que le système enveloppe le genre humain tout entier, et ne laisse pas dans une catégorie spéciale, au-dessus ou au-dessous de l'humanité, ceux qui ont pénétré le mystère de notre nature et reconnu l'illusion essentielle par laquelle elle nous entraîne et nous met en mouvement, il faudrait que l'idée pût suppléer la liberté. Pour qu'il soit viable, à l'idée il faut ajouter la croyance. Quelle influence, en effet, pourrait avoir sur nous l'idée de la liberté en général ou même l'idée de notre liberté, si nous étions persuadés que nous ne sommes pas libres? Que serait-ce si nous pensions en outre que cette liberté non seulement n'existe pas, mais qu'elle est irréalisable et qu'elle enveloppe une contradiction? Pour que l'automate psychique qu'on a construit se meuve et fonctionne régulièrement, il ne suffit pas que nous ayons l'idée de la liberté, il faut que nous ayons foi en elle, que nous croyions être vraiment libres. Il sera sans doute difficile d'expliquer la persistance de cette illusion. Elle est pourtant nécessaire. C'est elle qui amorce le système et déclanche le mouvement. Si nous nous croyons libres en effet, la délibération nous paraîtra nécessaire pour mettre fin à l'indétermination, conséquence de la liberté. Nous nous sentirons responsables. Nous ne voudrons prendre un parti qu'à bon escient, après en avoir vu, pesé et accepté les suites probables. Et ces suites, à notre avis, nous seront justement imputées. Que nous prenions le parti d'obéir à la loi morale ou de nous révolter contre elle, nous savons ce qui nous attend. Le châtiment ne sera pas seulement subi, mais encore pleinement accepté, et la récompense nous paraîtra méritée. Nous les trouverons justes l'une et l'autre. Nous y verrons ou une compensation légitime ou une réparation nécessaire.

Dans un homme ainsi constitué, tout se passera comme s'il était libre. Nous demandons qu'on nous prouve qu'il ne l'est pas. Placé en face de l'idée, ne recevant de sollicitation que d'elle, il croit ou mieux il sait que cette sollicitation n'obtiendra son effet que s'il y consent. Cette croyance détache son activité du monde idéal, comme la spontanéité la dégage de la nécessité des causes mécaniques. Il est libre, sa croyance n'est pas illusoire. Elle ne peut pas l'être.

III. — Sans doute, devant un commencement absolu la raison demeure un instant incertaine. Il semble qu'il y a un dernier pourquoi, qui reste sans réponse, et il le faut bien, puisque la série des causes s'arrête, et que nous touchons au point précis où elle prend naissance. Mais le principe de causalité, au lieu d'interdire cet arrêt, le demande et l'exige. Quand on remonte la série des causes, ce que l'on cherche, c'est l'explication d'un effet; mais qui ne voit que cette recherche serait vaine et ces démarches inutiles, si nous n'avions l'espoir de trouver au bout de la série, pour la clore et la rendre intelligible, une cause qui ne relève d'aucune autre et se suffise à elle-même. Celle-là est la seule qui réalise pleinement le concept de cause. Toutes les autres sont simultanément effet et cause; elles enveloppent un mélange de passivité et d'activité, elles transmettent ce qu'elles ont reçu, c'est un canal par où l'activité s'écoule. La liberté est la source même d'où elle jaillit. C'est à elle que la marche dialectique aboutit fatalement quand nous remontons des effets à la cause, comme elle s'arrête aux principes évidents par eux-mêmes, quand nous allons des conséquences aux principes. La liberté est à l'activité ce que le principe est à la lumière de l'évidence. Elle en est le foyer.

LIVRE VI

LA FIN

LIVRE VI

LA FIN

La vraie cause est liberté. — C'est la liberté absolue. — La liberté, quoiqu'elle soit indéterminée, ne nous ramène pas par une voie détournée à notre point de départ. — Différence entre l'indétermination de la quantité pure et celle de la liberté. — La première provient de l'indigence, la seconde au contraire de la richesse. — La liberté pourtant ne peut pas agir tant que son indétermination persiste. — La raison qui la détermine ne peut se trouver dans le passé qui est clos. — Elle est donc dans l'avenir. — Comment l'avenir peut-il agir sur le présent?

La qualité n'est pas engendrée par la quantité, elle ne résulte pas du conflit des forces. Contemporaine de la quantité, elle est active au même titre qu'elle. Elle lui est même logiquement antérieure. C'est de la qualité que la quantité reçoit son orientation, et par suite, en un sens, son activité. Ni un changement, en effet, ni un mouvement ne peuvent exister sans une détermination précise et une direction; séparée de la qualité, la quantité serait inactive. C'est dire qu'elle ne serait pas. Que les énergies qui constituent non seulement un corps organisé et vivant, mais même un atome, soient sans direction, qu'elles n'aient aucune tendance ni à se concentrer, ni à se séparer, elles n'exerceront d'action dans aucun sens et se confondront avec l'espace vide. Il ne restera qu'une multiplicité pure, ce qu'Aristote appelle la matière première, une puissance nue, un candidat à l'existence, qui se trouve sur la frontière de l'être et du néant. C'est par son union à la qualité que la quantité est retenue sur les bords du chaos ou du néant, que les énergies qu'elle contient, au lieu de se disperser et de se dissoudre, se concentrent, se revêtent de résistance et constituent les corps. C'est par la qualité que les corps se spécifient et se distinguent et que leurs forces contenues et dirigées reçoivent un emploi déterminé. Elle est vraiment cause.

Mais des causes, quel que soit leur nombre — fût-il infini, ce qui est contradictoire — si elles sont fatales, si elles n'ont d'autre rôle que de transmettre l'activité et non de la créer, ne se suffisent pas à elles-mêmes. Il faut à l'activité qui s'épanche par leur intermédiaire une source, à la série qu'elles constituent un commencement. Ce commencement, qui ne relève d'aucune cause, est un commencement absolu, il doit être libre. La liberté ne trouve pas un obstacle dans la causalité, elle lui sert au contraire de fondement. Les causes fatales sont des êtres infirmes où se mêlent en des proportions diverses la passivité et l'activité. Elles sont simultanément effet et cause. L'activité pleine et la cause sans mélange est liberté.

Cette liberté pour être entière doit non seulement dans son exercice, mais encore dans son existence ne relever que d'elle-même. Elle se distingue de la liberté humaine dont le domaine est restreint et l'énergie défaillante, qui est comme entourée d'un cercle de fatalités qui l'oppriment parfois, qui l'amoindrissent toujours, et qui en tout cas reçoit du dehors et son existence et sa nature. Elle est absolue.

Sommes-nous au terme du mouvement dialectique? La liberté se suffit-elle? Est-elle la cause première de tout mouvement? Ne nous sommes-nous pas au contraire égaré, et ne semble-t-il pas, qu'au lieu d'avancer, nous sommes revenu par un chemin détourné à notre point de départ? La quantité pure ne peut produire le mouvement parce qu'elle est indéterminée. L'indétermination de la liberté est-elle moindre? Si l'indétermination n'est pas un obstacle au mouvement et n'annule pas toutes les énergies actives, la quantité pure peut être cause. Et si ce qui est indéterminé ne peut agir, qu'avons-nous à attendre de la liberté?

La liberté sans doute est indéterminée comme la quantité pure. Mais son indétermination est active. La quantité pure, la puissance nue est indifférente, parce que, n'ayant aucune détermination, elle ne peut opposer d'obstacle à l'être, elle est apte à tout recevoir. La liberté au contraire peut tout donner. L'indifférence de la quantité procède de son indigence, celle de la liberté de sa richesse.

Il est vrai pourtant que même la liberté pour passer à l'acte doit rompre son indifférence et fixer son indétermination. Parmi les actes qui s'offrent à elle, et qui sont en nombre infini, elle doit en choisir un. Or, pour que ce choix soit possible, il faut évidemment que ces actes à venir la sollicitent et exercent sur elle une action, qu'ils soient cause finale.

CHAPITRE PREMIER

La finalité inconsciente. — M. Lachelier.

La finalité inconsciente : Système de M. Lachelier.
I. — La cause efficiente ne se suffit pas. — Elle réclame pour agir l'intervention de la cause finale.
II. — La cause finale relâche les liens de la nécessité et introduit dans le monde la liberté.
III. — Elle produit ainsi l'harmonie et le plus haut degré d'harmonie possible.
IV. — La théorie de M. Lachelier et la théorie d'Aristote. — Leurs ressemblances et leurs différences.
Résumé. — D'après M. Lachelier la cause finale rompt l'indifférence de la cause finale, — introduit dans le monde la liberté, — et y produit l'harmonie.

Il reste à chercher comment s'exerce l'action de la cause finale. « Nous ne pouvons nous représenter, dit M. Lachelier, que de trois manières le rapport qui s'établit dans un système de phénomènes entre la fin et les moyens : Ou, en effet, la fin exerce sur les moyens une action extérieure et mécanique, ou cette action est exercée non par la fin elle-même, mais par une cause qui la connaît et qui désire la réaliser; ou enfin, les moyens se rangent d'eux-mêmes dans l'ordre convenable pour réaliser la fin. La première hypothèse est absurde, puisque l'existence de la fin est postérieure dans le temps à celle des moyens; la seconde est inutile et se confond avec la troisième; car la cause à laquelle on a recours n'est qu'un moyen qui ne diffère pas essentiellement des autres, et auquel on accorde, par une préférence arbitraire, la spontanéité qu'on leur refuse[1] ». La première de ces hypothèses est absurde, en effet, comme le dit M. Lachelier, c'est entre les deux autres qu'il faut choisir. Nous pensons qu'elles se distinguent l'une de l'autre, et nous nous proposons de montrer que la finalité inconsciente est inacceptable.

Avant de le réfuter, exposons rapidement le système de M. Lachelier.

I. — La cause efficiente ne peut rendre raison de l'existence des choses. C'est par l'intervention de la finalité qu'elles deviennent intelligibles et qu'elles sont. « Nous pouvons établir, dit M. Lachelier, que l'existence abstraite, qui consiste dans la nécessité mécanique, a besoin elle-même de trouver un point d'appui dans l'existence concrète, qui n'appartient qu'à l'ordre des fins, et qu'ainsi la finalité n'est pas seulement une explication, mais la seule explication complète de la pensée et de la nature. Chaque phénomène, en effet, est déterminé mécaniquement, non seulement par tous ceux qui le précèdent dans

---

1. LACHELIER. *Du fondement de l'induction*, 2ᵉ éd., p. 87.

le temps, mais encore par tous ceux qui l'accompagnent dans l'espace ; car ce n'est qu'en vertu de leur causalité réciproque que plusieurs phénomènes simultanés peuvent être l'objet de la même pensée et faire partie du même univers. Or, ces phénomènes sont de part et d'autre en nombre infini ; car un premier phénomène dans le temps serait celui qui succéderait à un temps vide, de même qu'un dernier phénomène dans l'espace devrait être contigu, au moins d'un côté, à l'espace lui-même ; mais le temps et l'espace ne peuvent être en deçà ou au delà d'aucune chose, puisqu'ils ne sont point eux-mêmes des choses, mais de simples formes de notre intuition sensible. Il est évident, d'ailleurs, que la régression des effets aux causes doit remplir un passé infini, puisque chaque terme de cette régression n'a pas moins besoin que celui dont on part d'être expliqué par un précédent ; l'explication mécanique d'un phénomène donné ne peut donc jamais être achevée, et une existence, exclusivement fondée sur la nécessité, serait pour la pensée un problème insoluble et contradictoire. Mais l'ordre des causes finales est affranchi de la contradiction qui pèse, en quelque sorte, sur celui des causes efficientes ; car, bien que les diverses fins de la nature puissent jouer l'une à l'égard de l'autre le rôle de moyen, et que la nature tout entière soit peut-être suspendue à une fin qui la surpasse, chacune de ces fins n'en a pas moins en elle-même une valeur absolue, et pourrait, sans absurdité, servir de terme aux progrès de la pensée [1]. »

L'intervention de la cause finale est donc nécessaire. Son action est prépondérante. Au fond elle est la seule cause. « Les vraies raisons des choses, ce sont les fins, qui constituent sous le nom de formes les choses elles-mêmes : la matière et les causes ne sont qu'une hypothèse nécessaire ou plutôt un symbole indispensable, par lequel nous projetons dans le temps et dans l'espace ce qui est en soi supérieur à l'un et à l'autre. L'opposition du concret et de l'abstrait, de la finalité et du mécanisme, ne repose que sur la distinction de nos facultés; une pensée qui pourrait renoncer à elle-même pour se perdre, ou plutôt pour se retrouver tout entière dans les choses, ne connaîtrait plus d'autre loi que l'harmonie, d'autre lumière que la beauté [2] ».

Par quelle voie se fait sentir l'action et se propage l'attrait de la cause finale? C'est ce qu'il est difficile de déterminer, mais ce ne peut être que par l'influence immédiate de l'idée sur le mouvement. C'est spontanément que les moyens se rangent dans l'ordre convenable pour réaliser la fin.

Cette idée directrice est une idée nue, sans sujet en qui elle réside, sans conscience qui la reflète, et les moyens qui tendent vers elle sont inconscients

---

1. LACHELIER. *Du fondement de l'induction*, 2ᵉ éd., p. 83.
2. *Ibid.*, p. 85.

comme elle. L'intervention d'un agent spécialement chargé d'atteindre la fin, et soumis à des lois purement téléologiques est inutile. « Il faut, en effet, que cet agent spécial se représente sous une forme quelconque, et le détail des organes qu'il construit et la suite des mouvements qu'il leur imprime. Il faut donc qu'il renferme dans sa simplicité prétendue, d'une part, une diversité précisément égale à celle de l'organisme, et de l'autre, une conscience plus ou moins obscure de cette diversité. Dès lors, à quoi sert-il, et pourquoi, si nous devons admettre une telle conscience, ne pas la placer dans l'organisme lui-même?[1] »

La cause qui tend vers une fin est inconsciente. Et si, par hasard, elle se trouve consciente, cette conscience ne lui est d'aucun secours. « Cette cause, dit-on, connaît la fin qu'elle réalise. Mais ce n'est pas parce qu'elle la connaît qu'elle la réalise. L'objet de sa connaissance ne peut devenir le terme de son action que si elle se le représente comme un bien, et elle ne peut se le représenter comme un bien que si cet objet sollicite son activité par lui-même et par un attrait indépendant de toute connaissance[2] ».

L'action de la cause finale est donc inconsciente et aveugle. Elle est, en outre, indépendante de toute autre cause et dominatrice, c'est d'elle que relève

---

1. *Ibid.*, p. 62.
2. *Ibid.*, p. 87.

le mouvement de l'être. Ce n'est plus, dès lors, dans le passé, mais dans l'avenir, qu'il faut chercher la raison des choses.

Or l'avenir est le domaine des possibles, les possibles sont innombrables, et tous « prétendent à l'existence ». Qui fera un choix parmi eux ? « La sagesse muette de la nature [1]. » Et ce choix, puisque la nature est sage, ne sera pas arbitraire. Il se fondera sur la valeur intrinsèque des possibles. « Les choses sont à la fois parce qu'elles le veulent et parce qu'elles le méritent [2]. »

II. — Dès que la finalité remplace le mécanisme et que la cause efficiente fait place à la cause finale, la contingence pénètre dans le monde. « Dès que toutes les conditions d'un phénomène sont réunies, nous ne pouvons plus admettre sans absurdité que ce phénomène ne se produise pas ou se produise autrement que ne l'exigent les lois de la mécanique. La loi des causes finales est au contraire une loi flexible et contingente dans chacune de ses applications. Elle exige absolument une certaine harmonie dans l'ensemble des phénomènes, mais elle ne nous garantit ni que cette harmonie sera toujours composée des mêmes éléments, ni même qu'elle ne sera jamais troublée par aucun désordre... Ce n'est

---

1. *Ibid.*, p. 101
2. *Ibid.*, p. 86.

donc pas... l'universelle nécessité, c'est plutôt la contingence universelle qui est la véritable définition de l'existence, l'âme de la nature et le dernier mot de la pensée. La nécessité réduite à elle-même n'est rien, puisqu'elle n'est pas même nécessaire ; et ce que nous appelons contingence par opposition à un mécanisme brut et aveugle est au contraire une nécessité de convenance et de choix, la seule qui rende raison de tout, parce que le bien seul est à lui-même sa raison. Tout ce qui est doit être et cependant pourrait à la rigueur ne pas être [1]. »

La loi du devenir est donc la contingence, bien mieux, c'est la liberté. « Le miracle de la nature en nous comme hors de nous, c'est l'invention ou la production des idées ; et cette production est libre dans le sens le plus rigoureux du mot, puisque chaque idée est en elle-même absolument indépendante de celle qui la précède et naît de rien comme un monde [2]. »

III. — Il est inutile d'ajouter que la cause finale produit l'ordre et l'harmonie ; c'est là sa seule raison d'être. Mais il est bon d'ajouter qu'elle « exige de la part des phénomènes non un degré quelconque, mais le plus haut degré possible d'ordre et d'harmonie [3] ».

1. *Ibid.*, p. 86.
2. *Ibid.*, p. 99.
3. *Ibid.*, p. 92.

En résumé l'intervention de la cause finale est nécessaire pour rompre l'indifférence de la cause efficiente, et son action est prépondérante et vraiment souveraine. — Elle introduit dans le mécanisme la flexibilité nécessaire à la vie et fait pénétrer dans le monde la liberté. — Enfin elle concentre et coordonne les effets des causes efficientes et produit le plus haut degré possible d'harmonie.

Au fond, tous ces effets se ramènent à un seul. La cause finale rend l'être possible et le réalise. Une cause qui serait indéterminée, comme la cause efficiente demeurerait inactive. On ne peut lui enlever son indétermination sans la subordonner à une cause supérieure et par conséquent sans briser sa rigidité, et cette subordination ne va pas sans une ébauche au moins d'harmonie et de beauté.

IV. — Cette conception, qui relève manifestement de Kant et de Hégel rappelle aussi la théorie d'Aristote sur la puissance et l'acte, la matière et la forme. La matière pure, la puissance nue est incapable d'agir et par suite d'être. C'est une aptitude indéterminée qui, pour passer à l'acte, demande à être fixée. L'acte, la forme, l'idée s'empare de ses tendances impuissantes, lui confère l'unité, lui donne une direction et lui assigne un but. Elle est tout à la fois cause formelle et cause finale, la forme qui spécifie la matière et le but vers lequel elle tend. Mais cette matière, quoiqu'elle ne soit pas séparable de la forme, et cette forme, quoiqu'elle ne puisse exister qu'en s'appuyant sur la matière, sont cependant réelles l'une et l'autre. M. Lachelier a conservé les concepts, mais il les a vidés de tout contenu objectif et réel. La matière est devenue un ensemble de mouvements, sous lesquels ne se cache aucune substance et qui, par leur nature, sont indifférents à se concentrer pour produire un effet unique ou à se disperser dans des directions divergentes. La forme est devenue une sorte de point idéal vers lequel convergent les mouvements. On peut l'appeler centre de forces, idée directrice, pourvu qu'on enlève à ces mots toute signification métaphysique, et que, par eux, on indique le sens des mouvements et non une cause qui serait indépendante et distincte de ces mouvements et qui aurait sur eux une influence réelle.

Il y a encore une autre différence entre la théorie de M. Lachelier et celle d'Aristote. M. Lachelier, dans la recherche des causes finales s'arrête à celles qui sont l'objet d'une expérience immédiate. Il fait bien pressentir qu'au-dessus de ces causes finales il y a un principe supérieur, auquel elles se soumettent et qui les domine, comme elles dominent elles-mêmes les causes efficientes. Mais ce principe, il le rejette hors de la science et même de la métaphysique, pour en faire un objet de foi. Par là il se condamne à ne donner du monde qu'une explication incomplète et tronquée. Le monde tel qu'il le conçoit, non seulement n'a ni commencement ni fin dans le temps, — ce qui serait déjà difficile à entendre, — mais encore il demeure sans explication définitive et sans raison dernière. Aristote au contraire admet que la nature tout entière est suspendue à une cause finale, absolue. Elle dépend de Dieu, qui n'est pas une idée, mais la perfection souveraine, l'acte pur. C'est de lui que tout procède. Au lieu d'être hors de la science, il en est le fondement. En passant par la critique, la doctrine d'Aristote a été en quelque sorte exténuée. Elle n'est plus que l'ombre d'elle-même. Il reste à savoir si elle a conservé toute sa valeur, et si l'être peut être suppléé par une forme vide. Nous ne le pensons pas.

CHAPITRE II

La finalité inconsciente n'explique pas le devenir.

I. — Critique : La cause finale ne peut rompre l'indifférence de la cause efficiente. — Si la relation de la cause à l'effet est contingente, celle des moyens à la fin l'est encore plus. — L'indétermination laissée par la cause finale ne peut être rompue par « la sagesse muette de la nature ». La nature en effet est la cause efficiente elle-même. On ne peut, sans faire un cercle, avoir recours à elle pour déterminer la cause finale. — En outre, cause efficiente et cause finale ne sont que des aspects divers d'une même chose. — Avant d'arriver à l'existence la cause efficiente a été cause finale. — L'ambiguïté laissée par la cause finale ne pourrait donc être tranchée, puisqu'en définitive en dehors d'elle il n'y a rien.

II. — L'intervention de la cause finale dans l'évolution de l'être ne relâche pas les liens de la nécessité. — On peut faire ici deux hypothèses. La relation des moyens à la fin est contingente ou elle est nécessaire. — Si elle est contingente, le moyen ne doit pas son apparition à la fin. — Il ne la doit qu'à lui-même. — Il est parce qu'il « le mérite ». — Mais ce mérite, qui lui a assuré la victoire dans la lutte des possibles, n'est pas soumis au changement. — Il a donc été prédestiné à l'existence de toute éternité. — Son apparition est nécessaire d'une nécessité qui n'est pas seulement relative ou hypothétique, mais absolue. — Si la relation des moyens à la fin est nécessaire, le moyen élu doit être le meilleur. Rien n'est laissé à la contingence. — La production des idées n'est pas libre, comme le prétend M. Lachelier. — Elles ne dépendent pas sans doute des événements qui les précèdent, mais elles sont liées à ceux qui les suivent, puisque tout est moyen relativement à une fin ultérieure et que la relation des moyens à la fin est nécessaire. — Dans les deux hypothèses tout est nécessaire.

III. — La cause finale produit l'harmonie, — mais elle rend inexplicable l'imperfection du monde. — L'imperfection n'est pas explicable par la résistance de la cause efficiente. — La cause efficiente est suscitée par la cause finale et tient d'elle et son existence et sa nature. — Où trouverait-elle un point d'appui pour lui résister? — L'imperfection n'est pas explicable par la rencontre et l'opposition de causes divergentes. — C'est justement pour faire converger vers un but unique les forces divergentes que l'intervention de la cause finale est nécessaire. — Si elle est impuissante à produire ce résultat, elle est inutile. — Dira-t-on que le monde est parfait? — En tout cas sa perfection est relative; elle devrait être absolue. — La fin à laquelle il tend est la perfection absolue. — Rien ne devrait pouvoir le retenir dans les degrés inférieurs de l'être. L'attrait de la perfection en effet est de sa nature tout-puissant. — En outre, la lutte entre les possibles devrait amener la victoire de la perfection absolue — et rendre sa déchéance impossible. — Après avoir dit avec Bossuet : Pourquoi le parfait ne serait-il pas? il faut ajouter : Pourquoi l'imparfait serait-il?

Résumé : La finalité inconsciente ne pourrait rompre l'indifférence de la cause efficiente. — Elle n'introduirait pas la liberté dans le monde — et l'harmonie qu'elle y produirait serait telle qu'elle rendrait inintelligible l'imperfection et impossible le devenir.

La cause finale, dit M. Lachelier, rompt l'indifférence de la cause efficiente. Elle introduit la liberté dans le monde et y produit l'harmonie. Ce sont les effets qu'il lui assigne et qu'elle doit produire si on ne veut pas que son intervention soit inutile.

Il nous semble que la cause finale sera impuissante à tirer la cause efficiente de son indétermination, qu'au lieu de rendre flexible et contingente la trame du devenir, elle la rendra plus rigide, transformera sa nécessité hypothétique en nécessité absolue, enfin qu'elle ne pourrait réaliser l'harmonie et la beauté sans rendre inexplicable l'existence du monde et son imperfection essentielle.

I. — Et d'abord la cause finale ne peut rompre l'indétermination de la cause efficiente. Pour se rendre compte de cette impuissance, il faut se rappeler le mode d'activité qu'on attribue à la cause efficiente et à la cause finale, ou plutôt, car au fond elles sont l'une et l'autre inactives, la relation qu'on établit entre la cause et l'effet d'un côté, et de l'autre entre le moyen et la fin.

Sans doute, la relation entre la cause et l'effet est nécessaire. « La loi des causes efficientes est d'une application nécessaire et rigoureuse qui ne comporte pas de degrés; dès que toutes les conditions d'un phénomène sont réunies, nous ne pouvons plus admettre sans absurdité que ce phénomène ne se produise pas, ou se produise autrement que ne l'exigent les lois de la mécanique. » Cette nécessité pourtant est postérieure au moins logiquement à l'intervention de la cause finale. C'est par la réunion de la cause efficiente et de la cause finale que l'être est constitué. Seule, la cause efficiente est une abstraction. Et sa nécessité est de telle nature qu'elle laisse subsister encore une certaine indifférence.

Elle est incapable d'expliquer l'existence du monde, des corps organisés ou même des atomes : « Ceux-ci, en effet, ne sont que des systèmes de mouvement que les lois de la mécanique sont indifférentes à conserver ou à détruire. » Ces lois les conservent pourtant ; c'est donc que leur indifférence est fixée. Elle l'est par la cause finale. Ce qui paraît un effet est un « moyen sagement concerté pour arriver au but ». L'effet produit n'est donc pas explicable entièrement par la cause efficiente.

L'est-il par la cause finale ? Pas davantage. Pour parvenir à une fin, en effet, plusieurs moyens peuvent être pris indifféremment, chacun d'eux est suffisant, aucun n'est nécessaire. « La loi des causes finales est.... une loi flexible et contingente dans chacune de ses applications ; elle exige absolument une certaine harmonie, mais elle ne nous garantit pas que cette harmonie sera toujours composée des mêmes éléments, ni que cette harmonie ne sera jamais troublée par aucun désordre. » Donc la fin laisse, elle aussi, une certaine indifférence. Pour qu'elle soit réalisée, il faut un moyen. Lequel ? C'est ce qui reste à déterminer. On peut se demander d'où viendra cette détermination que l'effet ne reçoit pas de la cause efficiente ni le moyen de la cause finale.

Il s'agit de conduire un mobile de A en C. Les chemins qui s'ouvrent devant lui sont multiples. Il peut suivre la ligne droite, la ligne brisée ou la ligne courbe. Ces deux dernières lui ouvrent des voies en nombre infini. Laquelle choisir ? La cause efficiente est indifférente. Si elle est seule, non seulement nous ne savons dans quelle direction s'engagera le mobile, nous ignorons même s'il parviendra en C. Elle ne détermine qu'une chose, le point de départ. La cause finale C marque au contraire le point d'arrivée. Mais elle ne fixe pas le trajet du mobile ; elle est même indifférente à son point de départ. Tout donc demeure indéterminé, hors ces deux points fixes, le point de départ et le point d'arrivée. Encore ceux-ci n'ont-ils entre eux aucune relation, puisque la cause efficiente est indifférente au terme du mouvement qu'elle va produire, et la cause finale ne décide pas d'où viendra le mouvement qu'elle doit recueillir. L'être retombe donc dans la confusion et dans le chaos d'où on le voulait tirer.

Qui pourra l'en faire sortir et trancher l'ambiguïté que laissent subsister et la cause efficiente et la cause finale ? « La sagesse muette de la nature ? » Une volonté inhérente aux choses ? on nous dit en effet que les choses « sont à la fois parce qu'elles le méritent et parce qu'elles le veulent. »

Mais quelle est donc cette sagesse qui doit décider entre les possibles, et quelle cette volonté qui doit peser leur mérite ? tout nous dit-on est mouvement dans le monde. Or, dans le mouvement, il y a un point de départ, un terme, et un trajet de l'un à l'autre. C'est tout. Qu'est-ce qui fixe la direction de ce mouvement, marque le terme, choisit l'idée qu'il va réaliser, décide entre les possibles qui prétendent à l'existence ? Parti de A il est maintenant en B. Les possibles C. D. E. sollicitent son activité et aspirent à l'être. Est-ce le mouvement lui-même qui va mettre fin à leurs compétitions ? Mais on avait besoin de la cause finale pour orienter vers l'être et retenir sur les bords du chaos la cause efficiente, qui par nature est indifférente entre l'ordre et la confusion, c'est-à-dire entre l'être et le néant. Si on fait maintenant appel à la cause efficiente pour décider entre les possibles et déterminer la cause finale qui va être réalisée, n'est-ce pas un cercle ?

De plus, s'en remettre pour trancher ce différend entre les possibles à la cause efficiente, de quelque nom qu'on l'appelle, c'est méconnaître sa nature. La cause efficiente n'est pas une chose donnée, c'est une des étapes de l'évolution. Avant d'arriver à l'existence et de prendre rang dans la série des causes efficientes, elle a été une cause finale. Ce qu'on dit d'une cause efficiente, on peut le dire de toutes. On peut remonter dans le passé si haut que l'on voudra. Chacune des étapes que le monde a successivement franchies et qui, à certains égards, sont des causes efficientes, ont été d'abord des causes finales. « Chaque état de la nature ne s'explique que par celui qui le suit. » Dès lors, n'est-ce pas un leurre de faire appel à la cause efficiente pour trancher le débat qui s'élève entre les possibles et mettre fin à leurs compétitions ? Cause efficiente et cause finale sont deux aspects d'une même chose. Et comme la cause finale est logiquement antérieure à la cause efficiente, qu'elle la domine et même la suscite, si elle ne trace pas d'une manière irrévocable la voie du devenir, rien ne pourra mettre fin à l'indifférence qu'elle aura laissé subsister, puisqu'en dehors d'elle il n'y a rien.

On ne peut donc trouver ni dans la cause efficiente, qui est indifférente entre l'ordre et le chaos, ni dans la cause finale, qui ne détermine pas les moyens qui doivent la réaliser et l'amener à l'existence, la règle qui trace sa voie au devenir et maintient l'être dans l'harmonie. On peut affirmer sans crainte que la finalité inconsciente ne réussira pas à rompre l'indifférence de la cause efficiente et à expliquer son évolution.

II. — Il ne reste plus qu'un parti à prendre, c'est d'affirmer que la loi des causes finales se suffit à elle-même, qu'elle ne laisse subsister ni indécision ni ambiguïté. L'évolution sera dès lors assurée, et toutes ses étapes rigoureusement déterminées. Mais on aura chassé du monde toute spontanéité et toute liberté.

On n'a, en effet, le choix qu'entre deux hypothèses : ou la relation des moyens à la fin est contingente, ou elle est nécessaire. Dans les deux cas, la liberté sera exclue du monde et les liens de la nécessité qu'on voulait détendre vont se resserrer.

Voyons d'abord la première hypothèse. La relation des moyens à la fin est contingente. Un moyen n'est qu'une des mille voies dans lesquelles l'être peut s'engager pour arriver au terme qu'il doit atteindre. La fin dès lors ne fixe pas d'une manière irrévocable la marche du devenir et la direction qu'il va prendre. Elle ne détermine pas le moyen qui doit la réaliser et ne le suscite pas. Nous l'avons déjà marqué plus haut. Ce moyen n'est pas non plus amené à l'existence par la cause efficiente, qui est de sa nature indifférente à produire un effet ou un autre. A quoi donc doit-il son apparition ? Si on ne peut se résoudre à confesser qu'elle est fortuite et qu'en définitive c'est le hasard qui gouverne le monde, il ne reste plus qu'une ressource, c'est d'affirmer que le moyen ne doit son existence qu'à lui-même, qu'il est « parce qu'il le mérite ». Il a été vainqueur dans la lutte des possibles « qui prétendent à l'existence ». Or, ces luttes sont des luttes pacifiques qui n'admettent pas le mélange de bonnes fortunes et de chances adverses. Les possibles ne sont pas entraînés dans le mouvement, ils le dominent et le produisent, mais ils sont soustraits à ses vicissitudes. Et comme c'est leur perfection intime, perfection qui ne devient pas, mais qui est, qui décide de leur succès et procure leur avènement à l'existence, le nombre de ceux à qui cette faveur, ou plutôt ce triomphe légitime est accordé, a été fixé de tout temps. Il est immuable. Le monde qui évolue sous nos regards n'est que le reflet mobile de leur immobile éternité. Ils n'y laissent donc subsister pas même l'ombre de la spontanéité, et le ferment à la liberté. Or comme chacun des états successifs du monde est indépendant de celui qui le précède et de celui qui le suit, l est vraiment détaché de toute cause, ne relève que de lui-même et ne doit rien qu'à son mérite. Son apparition est nécessaire d'une nécessité, non pas seulement relative et hypothétique, mais absolue.

Dès lors comment peut-on dire que « le miracle de la nature en nous comme hors de nous, c'est la production des idées, que cette production est libre dans le sens le plus rigoureux du mot, puisque chaque idée est en elle-même absolument indépendante de celle qui la précède et naît de rien comme un monde » ? Elle est indépendante, en effet, des causes qui se succèdent dans le temps. Mais cette indépendance, au lieu de la rendre libre, la rattache d'une manière plus étroite au monde idéal qui est sa vraie cause. Elle ne fait pas succéder la liberté à la nécessité, mais la nécessité absolue à une nécessité relative et hypothétique.

Nous arriverons au même résultat si nous acceptons la seconde hypothèse, et si nous supposons que la relation du moyen à la fin est nécessaire. Cette interprétation d'ailleurs nous paraîtra plus conforme à la pensée de M. Lachelier : « La fin connue, dit-il... en effet, détermine... l'existence des moyens qui doivent à leur tour déterminer la sienne. »
« Chaque état de la nature est déterminé par celui

qui le suit. » Mais, pour que cette détermination soit réelle et efficace, il faut qu'elle ne laisse aucune place à l'indécision, qu'elle n'abandonne rien au libre choix d'un agent qui d'ailleurs n'existe pas. Pour arriver à ce résultat, il est évident qu'il n'y a qu'un parti à prendre, c'est de déclarer que le moyen élu n'est pas un moyen quelconque, mais le meilleur. C'est ce que fait M. Lachelier : « La loi des causes finales, dit-il, exige, de la part des phénomènes, non un degré quelconque, mais le plus haut degré d'ordre et d'harmonie. » Tout est donc déterminé par elle d'une manière rigoureuse. La voie du devenir est unique et immuable. Tout est régi par une loi fatale à laquelle rien ne résiste et qui étreint toute spontanéité et toute liberté.

C'est en vain qu'on prétendrait que « la production des idées est libre, dans le sens le plus rigoureux du mot », parce qu'elle est une fin et que « chaque fin de la nature a une valeur absolue ». Les fins particulières, en effet, dépendent de fins ultérieures et plus générales. Elles sont indépendantes des causes qui les précèdent, mais elles sont soumises à celles qui les suivent. « Chaque état de la nature est déterminé par celui qui le suit. » Tous ces états, et par suite toutes les idées qu'ils réalisent, sont fixés d'une manière irrévocable par la fin dernière à laquelle la nature tout entière est suspendue.

On peut se demander quelle différence il y a entre cette doctrine et celle du pur mécanisme. Dans l'une comme dans l'autre, le développement de l'être est fatal. Rien ne saurait le faire sortir de ses voies. Croire qu'il peut ou qu'il aurait pu dévier de la ligne qui lui est tracée, c'est prendre pour la réalité les rêves de notre imagination. Ce qui pour notre pensée est purement possible, au fond est impossible. Il n'y a donc ni choix à faire, ni direction privilégiée à imprimer aux choses, puisqu'une seule voie est ouverte devant elles. Dans leur évolution fatale, elles réalisent spontanément des fins, sans aucune intervention de l'avenir auquel elles tendent. Et si les deux systèmes se confondent, l'insuffisance constatée du premier ne rejaillit-elle pas sur le second ? Le système de la finalité inconsciente pourtant, admet, sans le prouver, que les vraies causes sont les idées, et que la vraie loi de l'être est l'harmonie. Par là, nous l'avons montré, il ne résout aucune difficulté, il en fait surgir de nouvelles.

III. — Si la finalité exige l'harmonie et si elle est une loi des choses, il y a lieu de se demander d'où proviennent dans le monde les dissonances et les imperfections. C'est une difficulté grave dans tout système. Dans celui-ci, elle est insoluble. Un principe, en effet, est absolu ou il n'est pas. Si le principe de causalité ne s'appliquait aux choses que d'une manière intermittente ou incomplète, ce ne serait plus un principe. Il en est de même de la finalité. Si elle est une loi des choses, si elle règle leurs démarches et détermine leurs directions, rien ne doit échapper à son influence. Et le désordre est inconcevable. Il serait inintelligible.

Par quoi le pourrait-on expliquer en effet? Par l'indocilité ou la résistance des causes efficientes? Mais la cause efficiente, antérieure à la cause finale dans le temps, lui est cependant entièrement subordonnée. Elle a reçu d'elle et d'elle seule non seulement sa direction, mais son existence et sa nature. Entre tous les possibles qui prétendaient à l'existence elle a été élue. Mais elle ne doit et ne peut devoir cette élection qu'à son aptitude parfaite à réaliser la fin. Où trouverait-elle donc un point d'appui pour lui résister?

Dira-t-on que le désordre provient non des causes efficientes, mais de leur rencontre fortuite et de l'opposition de leurs activités qui se contrarient et se combattent? Mais ces rencontres ne peuvent être fortuites. Elles sont, elles aussi, prédéterminées par la cause finale. « Les diverses fins de la nature, dit M. Lachelier, peuvent jouer l'une à l'égard de l'autre le rôle de moyen, et la nature tout entière est peut-être suspendue à une fin qui la surpasse. » Du reste, si la cause finale était impuissante à coordonner les causes efficientes, à régler leur rencontre et à les faire converger harmonieusement vers un même but, elle serait inutile. C'est, en effet, pour prévenir la dispersion et la divergence des causes, qui par nature sont indifférentes à l'ordre, qu'on réclame l'intervention de la cause finale. Cette œuvre est sa raison d'être, si elle y échoue, en vérité à quoi sert-elle ? Et si elle y réussit, son efficacité doit être souveraine. Dès lors le plus léger désordre est inexplicable. C'est une infraction à une loi qui n'en admet pas.

Il n'y a qu'une réponse possible, c'est de maintenir, en dépit de toutes les apparences, que ces dissonances partielles concourent à l'harmonie et que le monde est parfait. C'est la seule qu'on puisse donner, et fût-elle acceptable, elle est insuffisante. Si loin que l'on pousse l'optimisme, on ne peut s'empêcher de reconnaître que la perfection du monde est relative ; elle devrait être absolue.

La cause efficiente et la cause finale sont les deux termes qui limitent le mouvement et qui le déterminent. L'évolution de l'être, c'est le passage de l'une à l'autre, de la cause efficiente à la fin, c'est le progrès continu qui entraîne la cause efficiente vers la cause finale, vers une idée. Or, les fins sont subordonnées les unes aux autres, et toutes ensemble si l'on veut être logique, doivent être suspendues à une fin dernière, qui les domine toutes, et qui ne saurait être imparfaite, puisqu'elle est le terme de l'évolution et la consommation du progrès. Si nous considérons le monde dans son ensemble, nous pouvons dire qu'il tend vers la perfection et que, parti d'un état aussi voisin que possible du néant, il s'achemine par étapes successives vers la réalisation complète des puissances qu'il enveloppe, vers la fin suprême, l'idée des idées. On peut se demander ce qui retient l'être dans les degrés inférieurs. La cause finale le sollicite et l'attire avec une puissance à laquelle rien ne saurait résister, puisque, nous l'avons déjà marqué, c'est de la cause finale que la cause efficiente tient et son existence et sa nature. Ces retards et cette marche laborieuse vers le progrès offrent toujours des difficultés, mais enfin ils sont intelligibles, si, à l'origine des choses, il y a une matière rebelle, éternelle ou posée par une liberté créatrice. Ils cessent de l'être si on supprime cette matière. Il n'y a plus de raison assignable à la durée de l'évolution, ni à l'évolution elle-même. On ne voit pas pourquoi le désir de la nature a une efficacité si restreinte. Il devrait obtenir immédiatement son effet.

Ou mieux encore le désir est une imperfection et le devenir une indigence, puisque l'un et l'autre tendent vers une perfection qu'ils ne possèdent pas, ils tiennent au néant par trop de côtés pour en jamais sortir. Ils n'auraient jamais dû franchir la limite qui les sépare du réel. Les possibles, en effet, luttent pour l'existence, et dans cette lutte c'est la perfection intime qui décide de la victoire. Mais, si la perfection est la raison et la seule raison de l'existence, nous dirons avec Bossuet : « Pourquoi le parfait ne serait-il pas ? » Il faut ajouter : Pourquoi l'imparfait serait-il ? L'imparfait n'a qu'une raison d'être, sa tendance vers le parfait. Mais si celui-ci est déjà, que signifie le devenir ? Qu'est-ce qui a pu lui donner naissance ? Qu'est-ce qui le maintient ? Qu'est-ce qui arrête ses progrès ? Le parfait est seul, et c'est lui seul qui doit être. C'est là l'issue naturelle de la lutte entre les possibles.

Dira-t-on que le parfait seul existe en effet ? que le monde que nous voyons n'est qu'une apparence, que la succession et le progrès sont le résultat d'une forme subjective de notre sensibilité, le temps ? Sans entrer dans la discussion de cette doctrine, nous pouvons indiquer cependant qu'elle ne diffère pas autant qu'on le croit du réalisme qu'on appelle vulgaire et qu'elle ne donne aucune solution à la difficulté proposée. Que le temps soit une forme des choses ou une forme de la sensibilité cela n'intéresse en rien la réalité du devenir. Dans un cas, le mouvement est distinct de l'esprit et lui est extérieur, il lui est aussi intérieur, puisque l'esprit connaît le monde, et par sa pensée en suit et en reproduit idéalement les démarches. Dans l'autre, l'objet dont l'esprit est le miroir idéal est supprimé ; l'esprit demeure seul, mais il enveloppe dans son unité une multiplicité et un changement précisément égal à celui qu'on supprime et qui n'est pas moins réel. L'idéalisme kantien prétend que ce mouvement n'est qu'apparent, qu'il dénature, divise et morcelle ce que le noumène enveloppe sous une forme qui n'est pas accessible à notre pensée. — Les réalistes qui admettent simultanément l'existence de Dieu et celle du monde disent, eux aussi, que le temps n'est pas une forme essentielle de l'être, que Dieu ne lui est pas soumis, que le monde reçoit de Dieu tout ce qu'il a de réel, qu'il participe à ses idées éternelles, mais que ces idées, en passant du sein d'un Dieu immobile dans un monde changeant, ne sont plus que l'ombre d'elles-mêmes. Leur unité est rompue et leur immobilité fait place à la succession. On peut dire en toute vérité que le monde n'est qu'une apparence, et que Dieu seul est. Mais cette apparence, qu'elle soit intérieure ou extérieure à l'esprit, est cependant une réalité. Dans les deux hypothèses, il faut expliquer comment se fait le passage du parfait à l'imparfait, de l'immobile au successif. Et c'est ce que la finalité inconsciente n'explique pas.

La cause finale était requise pour mettre fin à l'indifférence de la cause efficiente, pour relâcher et détendre les liens de la nécessité, introduire dans le monde la spontanéité et la liberté, et enfin pour rendre intelligible l'harmonie et la beauté, qui est la vraie loi de l'être. Or elle est impuissante à fixer l'indétermination de la cause efficiente; au lieu de rendre plus flexible la trame du devenir, elle la resserre, la rend plus rigide et transforme, en un mot, sa nécessité hypothétique en nécessité absolue. Enfin elle ne réalise l'harmonie et n'amène la perfection qu'en rendant impossible toute imperfection même partielle et en définitive en supprimant le devenir. De quelque façon qu'on l'entende, si elle est inconsciente et aveugle, si elle n'est qu'une loi, elle est impuissante. Ou elle laisse en effet l'être dans son indétermination primitive qui est l'indifférence entre le désordre et l'harmonie, le néant et l'être ; ou elle est réellement efficace et alors rien ne pourra l'empêcher d'obtenir tout son effet, de s'opposer à toute dispersion d'activité, de la concentrer au contraire dans la perfection absolue. Mais c'est justement le passage de l'indifférence à la perfection qu'il faudrait rendre intelligible, et c'est là ce qu'elle n'explique pas.

CHAPITRE III

La finalité consciente.

La finalité consciente est-elle intelligible?

I. — Un mouvement matériel peut être dirigé par une finalité consciente. — Les opérations intellectuelles le peuvent-elles? — Difficultés : Agir pour une fin avec une pleine conscience, c'est conformer ses actes à un plan connu. — Si le plan qui doit diriger notre pensée et auquel nous devons conformer toutes nos opérations intellectuelles nous est connu, ces opérations sont inutiles, — et ce plan lui-même, qui nous guide, pour se former d'une manière consciente aurait dû être précédé d'un autre, et ainsi à l'infini.

II. — Dans l'homme la finalité intérieure est un mélange de conscience et d'inconscience. — S'il en était de même dans l'absolu, l'inconscience serait primitive et en somme dominatrice. — Pourquoi ne suffirait-elle pas à conduire à son terme l'évolution qu'elle aurait commencée? — La finalité pleinement consciente n'est pas intelligible. — Elle suppose que la pensée connaît le but vers lequel elle tend et les démarches successives qui doivent l'y conduire, c'est-à-dire qu'elle connaît déjà tout ce qu'elle se propose de connaître. — La finalité inconsciente suppose un progrès inexplicable et la finalité consciente est contradictoire.

III. — Elle n'est contradictoire que dans une pensée soumise au devenir. — Il ne reste qu'un parti à prendre, c'est d'affirmer que la finalité est consciente, mais qu'elle réside dans une pensée immobile dans la pensée absolue. — C'est de cette pensée immobile que la liberté reçoit simultanément et sa détermination et son complet affranchissement. — Elle est la cause absolue.

L'indétermination de la cause efficiente ne peut être rompue que par un libre choix, et le choix suppose l'intelligence. La finalité est donc consciente.

I. — Cette solution, qui s'impose à nous, et qui donne satisfaction à notre besoin de tout comprendre, est-elle vraiment intelligible, et sa clarté apparente ne va-t-elle pas s'évanouir à la réflexion? La finalité peut-elle s'allier à une pleine conscience? Ne faut-il pas dire, au contraire, qu'elle la repousse et l'exclut?

Ce doute paradoxal, si nous y réfléchissons, nous paraîtra bientôt plausible, et peut-être légitime. Ce qui le rend étrange, c'est que rien ne nous est plus habituel que d'agir pour une fin et d'en avoir conscience. Quand nous faisons une promenade depuis longtemps projetée, nous savons que le projet a précédé l'exécution. Nous en avons eu la vision anticipée, le plan idéal, et notre marche n'en est que la reproduction matérielle. Ce plan, cette marche, la conformité de celle-ci à celui-là, tout cela est en pleine lumière et entièrement conscient.

Qu'on y songe pourtant. L'idée intérieure qui nous guide n'est cause finale que parce qu'elle représente, sous une forme idéale, tous les mouvements qui se succèdent sous une forme différente et matérielle. La finalité consciente suppose donc deux termes, dont l'un est le modèle, et l'autre la copie, dont l'un possède par anticipation ce que l'autre va recevoir. Dès lors, ne voit-on pas quelque difficulté à ce que la finalité soit pleinement consciente? Pour qu'elle le fût, le mouvement extérieur devrait être conforme à un plan entièrement connu. Il faudrait, de plus, que ce plan fût le résultat d'une activité entièrement consciente d'elle-même et de toutes ses démarches. C'est ici que gît la difficulté.

Que le mouvement extérieur soit conforme à un plan intérieur, on le comprend sans peine. Mais ce plan intérieur lui-même, d'où vient-il, et comment a-t-il été formé? « Il ne peut, dit M. Lachelier, être l'ouvrage ni de sa volonté ni d'une volonté étrangère, car cette volonté aurait dû être dirigée par un plan antérieur qui supposerait à son tour une autre volonté et ainsi de suite, à l'infini. » Pour que l'élaboration d'un plan par la spontanéité intérieure soit pleinement consciente, il faut que cette spontanéité soit guidée dans son travail par une connaissance anticipée du but qu'elle veut atteindre et des moyens qu'elle doit employer; il faut, en un mot, un modèle qui soit aux démarches intérieures de la pensée ce que la pensée elle-même est au mouvement extérieur. Comme ce modèle, pour que la finalité ne soit pas aveugle, doit être connu, il s'ensuivrait que la pensée connaîtrait ce qu'elle cherche, et se dirigerait péniblement vers un but qu'elle a déjà atteint. Si la formation d'un plan n'est pas spontanée et inconsciente, elle suppose un autre plan, celui-ci un second, et ainsi à l'infini. Si l'on admet qu'on n'arrivera jamais à trouver le premier plan, d'où tous les autres dépendent, la finalité consciente devient impossible, et si ce plan existe et nous est connu, elle devient inutile. Nul effort n'est nécessaire pour faire pénétrer dans la pensée ce qu'elle renferme déjà.

II. — Pour sortir de cet embarras, on sera peut-être tenté de dire que cette difficulté doit son apparence de rigueur à un artifice logique. Elle nous met en présence de solutions extrêmes, qui se combattent précisément parce qu'elles sont extrêmes. Entre les deux, il y a un espace immense, et la vérité s'y peut loger. La vraie finalité est un mélange de conscience et d'inconscience. Les découvertes du savant et les productions de l'artiste dépendent les unes et les autres du hasard. Ce sont des rencontres fortuites qui mettent leur pensée en éveil et leur imagination en branle. Ces faveurs du hasard sont toujours imprévues, et la spontanéité intérieure qui répond à leur appel ne peut être dirigée. C'est dans le travail du savant ou de l'artiste la part qui est livrée à l'inconscience. Elle est immense. Tout cela serait pourtant stérile, si la pensée consciente et libre ne s'y venait joindre. C'est elle qui, parmi toutes les idées qui lui sont offertes, en choisit une, la prend pour but de ses réflexions et de son activité. C'est grâce à cette élection particulière que cette idée devient cause finale, et qu'autour d'elle se groupent ou les images qui doivent l'exprimer et lui servir de vêtement, ou les moyens qui permettront de la réaliser. C'est la part de la conscience.

Peut-être la faisons-nous trop grande, et une analyse plus précise démêlerait-elle, même dans ce choix d'un but à l'exclusion des autres, dans la recherche et la coordination des moyens qu'il suscite et qui sont nécessaires pour l'atteindre, une part considérable de spontanéité et, par suite, d'inconscience. Si nous savons, en effet, les conditions dans lesquelles nos tendances s'éveillent et nos pensées surgissent, le mouvement intérieur qui les fait passer de la puissance à l'acte nous échappe. Dans ce trajet, l'activité spontanée se soustrait à toute direction et se dérobe à la conscience.

Il est inutile d'insister sur ce point. Ces analyses, qui trouveraient leur place dans une étude de psychologie, seraient ici hors de propos. Que l'on déplace, en effet, la limite qui sépare la liberté consciente de la spontanéité aveugle, il reste toujours vrai que, dans l'homme, la finalité n'est ni pleinement consciente ni absolument inconsciente, qu'elle est un mélange, en des proportions diverses, d'ombre et de lumière. Il reste à voir le parti qu'on peut tirer de ce fait pour démêler la nature de l'activité qui dirige le monde et qui atteint manifestement des fins. Il n'est pas considérable.

Quand il s'agit de la cause universelle, on ne peut évidemment faire intervenir, pour la mettre en branle, des accidents extérieurs et fortuits, parce qu'elle enveloppe en son sein tout ce qui est. C'est d'elle que tout procède, elle est la source unique de l'être et de l'activité. Or, si cette activité était analogue à la nôtre, la finalité inconsciente aurait un rôle prépondérant. Elle susciterait en effet les idées qui doivent fixer le choix de la liberté et lui fournir la matière de ses desseins. Si la nature pouvait accomplir ces premières démarches sans le secours de la conscience, sur quoi se fonderait-on pour affirmer que la conscience lui est nécessaire pour continuer son mouvement et pour réaliser le progrès? On serait donc ramené à une solution que nous avons déjà écartée comme insuffisante. Et quelque parti que l'on prît, on accorderait, en tout cas, qu'une finalité pleinement consciente n'existe pas.

Et il est vrai qu'elle n'est pas intelligible. Si nous dégageons, en effet, le problème des données concrètes, des détails insignifiants qui le compliquent et l'obscurcissent, on peut, en le ramenant à une expression abstraite, l'énoncer de la manière suivante : Pour que le travail intérieur d'une pensée qui tend vers un but fût pleinement conscient, il faudrait que cette pensée fût simultanément dans l'état d'indétermination qui précède l'acte et dans l'état de détermination qui le suit. Le but poursuivi, en effet, devrait être, en même temps, connu et inconnu. Il devrait être connu, c'est par cette connaissance que la spontanéité de la pensée doit être guidée. Il devrait être inconnu, c'est à le connaître que la pensée tend. Sans la première de ces conditions, la spontanéité se meut dans l'obscurité, la finalité est inconsciente. Si on supprime la seconde, la spontanéité est réduite à l'immobilité, puisqu'elle se trouve au terme vers lequel elle devait se diriger.

On peut le remarquer, c'est là précisément ce qu'on objecte aux partisans de l'évolution. On leur demande comment l'être d'un état aussi voisin que possible du néant, de l'homogénéité primitive, qui est l'égalité dans l'impuissance et dans l'inertie, a pu, par des déterminations successives, parvenir jusqu'à l'état actuel, et la difficulté paraît insoluble. Si au début de l'évolution, en effet, l'être est vide et presque identique au néant, sous quelle impulsion va-t-il s'ébranler, et d'où sortiront toutes les déterminations dont il va s'enrichir successivement? Si, au contraire, il les possède déjà, qu'a-t-il besoin de les acquérir? De même, si la pensée enveloppe le plan qu'elle doit concevoir, tout effort est inutile, et il sera infructueux si ce plan ne lui est pas dès maintenant présent. La finalité inconsciente suppose un progrès inexplicable et la finalité pleinement consciente est contradictoire.

III. — Si nous avions à choisir entre ces deux hypothèses, on pourrait s'en remettre au hasard du soin de décider, toute préférence serait arbitraire. Il faudrait les rejeter l'une et l'autre. Le fond des choses serait inexplicable et inintelligible. Heureusement, au-dessus de la finalité inconsciente, de la finalité primitivement et toujours partiellement inconsciente, d'une pensée qui est, elle-même, soumise au devenir, et qui se réalise successivement, on peut concevoir une pensée immobile, non dans l'inertie et la mort, mais la plénitude de l'activité, et dont le progrès dès lors n'est plus à expliquer. Placée au terme de l'évolution, elle se trouve soustraite au mouvement. Il n'y a au-dessus d'elle rien ni de réel ni de concevable, tout progrès serait donc inintelligible. Toute déchéance serait inconciliable avec sa perfection. Il n'y a donc en elle ni changement, ni désir latent, ni tendance obscure. Tout est en quelque sorte transparent, c'est une lumière sans ombre, une pensée pure.

Sans doute devant cette pensée se pose un objet qui partage son éternité. Dira-t-on que cet objet est la perfection souveraine et que l'accord de toutes les perfections, accord qui le constitue, s'est réalisé spontanément par le développement d'une énergie que l'intelligence connaît peut-être, mais qu'elle ne dirige pas? Nous répondrons encore une fois qu'il n'y a ici ni mouvement ni progrès, et que, par suite, l'intelligence n'est ni antérieure, ni postérieure à l'être qu'elle contemple et que, par cette contemplation, elle reproduit. Rien ne la précède. Posée hors du temps, elle est éternelle comme son objet. Il serait même inexact de prétendre qu'elle lui est postérieure au moins logiquement et qu'elle en dépend comme une copie de l'original. La pensée n'est ni séparée, ni distincte de la perfection dont elle est l'image. Elle en est une partie essentielle, ou plutôt lui est identique. Séparé de la conscience, l'objet serait imparfait, et la conscience, vide de tout contenu, ne serait plus rien. C'est notre raison infirme qui mutile le réel. Ne pouvant s'égaler à l'infini et l'envelopper dans un concept unique, elle essaie de remédier à cette impuissance radicale en juxtaposant des concepts partiels et multiples. Mais elle ne doit pas oublier que cette multiplicité résulte de sa nature bornée et successive, et qu'on ne peut, sans le détruire, introduire des distinctions dans l'absolu et dans son unité indivisible.

C'est par cette pensée immobile que la liberté est déterminée, c'est par elle aussi qu'elle est affranchie. Notre liberté est sujette à l'ignorance et à l'erreur, il y a donc des motifs d'action qui nous échappent, il y en a que nous méconnaissons. Tout ce qui limite notre intelligence, ou tend à l'égarer, restreint notre liberté ou en fausse l'usage. Elle est en outre séduite par des attraits qu'elle n'a pas créés, entraînée par des passions impétueuses qu'elle ne modère qu'avec peine. Ces attraits et ces passions jaillissent spontanément d'une nature qui nous a été imposée et au joug de laquelle il nous est difficile de nous soustraire. Elle nous enlace dans des liens qui se resserrent de jour en jour. Sous leur étreinte, la liberté est toujours amoindrie, elle peut succomber et périr.

La liberté absolue est pleinement affranchie et indépendante. Le monde des idées, au lieu de passer successivement sous son regard, suivant des lois où la nécessité et le hasard ont plus de part que la liberté, lui est un spectacle immobile. Dans un instant tout à la fois indivisible et permanent, elle voit tout et le réel et les possibles, et leur nombre et leur hiérarchie sans fin. Elle est délivrée de l'ignorance, elle ne dépend que d'une nature qu'elle n'a ni empruntée ni reçue et d'une activité à l'abri du besoin, dégagée du désir qui ne reçoit d'impulsion que d'elle-même. C'est la cause essentiellement active, sans mélange de passivité, libre de toute limitation, de toute contrainte, de toute sujétion, la cause absolue. C'est vers elle que toute science nous achemine, et c'est en elle que se repose la pensée. En elle seule, en effet, coïncident et s'identifient la cause efficiente et la cause finale. Elle seule est la cause absolue.

CONCLUSION

Il est temps de conclure. Nous avons pris notre point de départ dans la conscience. Voici ce qu'elle atteste. La pensée et le mouvement sont unis et se correspondent. Le mouvement, du moins en apparence, éveille la pensée, la pensée suscite et dirige le mouvement.

Cet accord serait facilement explicable, ou même ne demanderait aucune explication, si ces deux phénomènes pouvaient s'identifier, ou si l'un des deux privé de toute efficacité était réduit au rôle d'épiphénomène ou de reflet.

Mais ni l'une ni l'autre de ces hypothèses n'est acceptable. Nous savons, par le témoignage irrécusable de la conscience, que la pensée se distingue du mouvement, et la distance qui les sépare, au lieu de s'amoindrir, s'élargit sous le regard de la réflexion. Le mouvement se déroule dans l'espace et dans le temps, la pensée est partiellement dégagée de ces formes inférieures de l'être et les domine. Distincte du mouvement, elle ne peut se contenter de l'ombre d'existence qu'on lui voudrait laisser. Elle est réelle et active. Elle doit avoir un rôle et une efficacité propres. C'est en vain qu'on chercherait une position intermédiaire. La pensée est un être réel ou un reflet absolu. Comme cette dernière hypothèse est inadmissible, puisqu'un reflet inactif ne se distingue pas du néant, on est contraint d'accepter la première. On se trouve alors en face d'une difficulté qu'il est impossible d'éviter : si la pensée est active, comment s'exerce son activité ? Ou elle agit sur le mouvement qu'elle suscite, dirige et suspend à son gré, ou elle n'a d'action que sur les événements psychiques qui lui succèdent. On est donc mis en demeure d'expliquer comment elle peut s'emparer du mouvement, ou de dire par quel moyen elle se maintient d'accord avec lui.

Ni la pensée, ni la liberté ne trouveraient d'obstacle à leur action, si la liaison des phénomènes n'était qu'apparente, et s'il n'y avait d'autre cause que les choses en soi. On ne pourrait alors opposer à l'intervention de la liberté et de la pensée, ni la conservation de l'énergie, ni la constance des lois. La conservation de l'énergie serait approximative, et la constance des lois apparente. De la surface de l'être, des phénomènes, la réalité serait transférée au centre. La pensée et la liberté seraient les vraies causes ; par contre, les phénomènes seraient inactifs, ils seraient impuissants à arrêter l'action des vraies causes.

Ce serait une réaction contre le mécanisme et la nécessité. Elle nous paraît excessive. Elle compromet la science, et, au lieu de favoriser l'activité des choses en soi, elle les entoure de barrières infranchissables et en définitive les annule. Pour que leur activité ne soit pas enchaînée, il faut évidemment qu'elle puisse se manifester et se transmettre par les phénomènes, que les phénomènes soient actifs et qu'ils soient liés entre eux par un lien de causalité. Mais la nécessité reprend alors son empire, et la question posée attend sa solution.

Si, pour expliquer l'accord de la pensée et du mouvement, on a recours à un intermédiaire, on n'en trouve pas d'autre que Dieu. — Mais l'action divine est trop éloignée des faits, et précisément parce qu'elle explique tout, elle peut légitimement passer pour n'expliquer rien. Il faut ajouter que cette hypothèse a, de plus, l'inconvénient très grave de postuler ce qu'il faudrait prouver. Elle donne comme possible l'action de la pensée sur le mouvement, et c'est justement ce qui est en question.

Ces solutions écartées, il demeure certain que la pensée et le mouvement doivent être unis par une action et une réaction réciproques; la question se pose alors dans toute sa netteté : Cette action est-elle intelligible ?

Cette difficulté n'est pas nouvelle. Mais de nos jours, où, sous la diversité des phénomènes, la science a reconnu une unité invariable, une quantité constante, elle paraît s'être aggravée. Elle devient insoluble, si à la loi de la conservation de l'énergie on ajoute ce prétendu principe : On ne peut diriger un mouvement que par un mouvement ou du moins par une force quantitative et mesurable. Par là, on a tracé la limite idéale où se termine le monde matériel, et de plus on l'a déclarée inviolable. C'est une enceinte que rien désormais ne franchira. De même, en effet, que l'introduction d'un nouveau mouvement ou d'une force est écartée par la loi de la conservation de l'énergie, l'intervention de la pensée est rendue impossible par le postulat qu'on y joint.

Pour sortir de cet embarras, on fera vainement appel aux procédés du calcul infinitésimal ou aux solutions singulières. Les expédients qu'ils pourront fournir ne donneront que des solutions apparentes.

Pour qu'il en fût autrement, il faudrait qu'à leur aide, on parvînt à découvrir un point où les contradictoires se concilient et coïncident, un système qui permît d'affirmer l'influence de la pensée sur le mécanisme et tout ensemble de la nier. Si on ne peut l'affirmer, le problème reste sans solution, même apparente; si on ne peut la nier, on est contraint de rejeter l'une des deux propositions énoncées plus haut et regardées comme incontestables. Ou la somme de l'énergie ne restera pas constante, ou, si elle le demeure, c'est donc qu'on aura pu diriger un mouvement, sans faire intervenir ni un mouvement ni une force. Un tel système est évidemment introuvable, et c'est perdre son temps que de s'obstiner à le chercher.

A moins donc qu'on ne se résigne à déclarer que

la question est insoluble, et à séparer en théorie ces deux portions du réel, pensée et mouvement, dont l'expérience nous fait constater la concorde et l'union, il faut renoncer à l'une ou à l'autre des propositions énoncées ou plutôt à une seule, à la seconde.

Refuser en effet de regarder comme certaine la constance de l'énergie serait se mettre en conflit avec la science et rejeter ses inductions les plus légitimes. Cette négation serait arbitraire, ce qui est déjà grave, et, ce qui l'est encore plus, elle serait sans profit.

Qu'on accorde à la pensée ou à la liberté le pouvoir de faire varier l'énergie du monde et de l'accroître, on aura fait surgir des difficultés nouvelles — il faudra expliquer l'origine des forces introduites par la liberté — on n'aura rien fait pour découvrir la solution cherchée. La question reste entière. Elle est seulement déplacée, ou si l'on veut reculée. L'action de la pensée sur le mécanisme devient peut-être intelligible, mais ce mouvement ou cette force qui lui sert d'intermédiaire, comment la pensée parvient-elle à s'en servir et peut-elle en faire usage? c'est ce qu'on n'explique pas. Et l'embarras où l'on s'est mis n'est pas moindre que celui qu'on voulait éviter, puisqu'au fond il ne s'en distingue pas. Donc, il ne servirait de rien de nier la persistance de la force. C'est qu'en réalité, la difficulté est ailleurs.

Quelque parti que l'on prenne, en effet, quelque théorie que l'on adopte sur la nature de la pensée, que l'on aille même jusqu'à dire qu'elle est, elle aussi, quantitative, on ne pourra pourtant pas nier qu'elle n'enveloppe un élément qualitatif. A intensités égales, l'amour se distingue de la haine, et l'idée du devoir de celle du plaisir. Cet élément qualitatif a-t-il une influence sur le mouvement et le développement de l'être? Si on le nie, ce ne sera manifestement pas au nom de la conservation de l'énergie, qu'une action purement qualitative ne peut faire varier, mais au nom de ce prétendu principe; on ne dirige une force quantitative que par une force de même nature. C'est donc lui qu'il faut examiner, et c'est là la vraie question.

Si on réfléchit un instant, on verra que ce pseudo-principe suppose que toute cause est ou un mouvement ou une force mesurable et purement quantitative. Si, en effet, à côté de la quantité on faisait une place à la qualité, si on lui laissait une part et si on lui assignait un rôle dans le développement de l'être et la production du devenir, de quel droit lui refuserait-on, quand elle est dans son plein épanouissement et consciente d'elle-même, l'activité qu'on lui accorde, quand elle est enveloppée d'inconscience et d'obscurité?

Mais la question, ramenée à ces termes plus généraux, s'éclaircit d'elle-même. Non seulement il n'est pas démontré que tout est mouvement, mais la théorie purement cinétique, hypothèse provisoire comme les autres, est condamnée à une disparition prochaine. Les témoignages les plus autorisés le prouvent abondamment.

Cette théorie écartée, il est trop aisé de montrer que la quantité n'est ni la seule cause ni par suite la seule réalité. Dans le mouvement lui-même, on découvre un élément qualitatif, la direction, qui ne provient ni d'une force, ni du conflit des forces. La qualité n'est pas postérieure à la quantité, elle lui est contemporaine. Qu'on la supprime, la quantité, sans orientation intérieure, est il capable de déterminer le mouvement. Et si elle parvenait à le faire surgir, elle serait impuissante à le retenir dans une direction fixe. Tout mouvement serait réversible, ou mieux encore toute loi serait abolie. C'est par la qualité que la quantité est tirée de son indétermination et peut enfin utiliser ses énergies. La qualité est active. A tous les degrés de l'être on retrouve son influence directrice et son action prépondérante.

Dès lors l'action de la pensée ou de l'élément qualitatif de la pensée sur le mouvement n'est plus un fait isolé ni anormal, elle est analogue, sinon identique à celle que la qualité exerce sur tous les êtres, et si on persiste à la trouver inintelligible, il faudra bien ajouter que toute activité l'est également.

C'est un résultat important. Délivré désormais d'une objection spécieuse, nous sommes en droit d'affirmer l'influence de la pensée sur le mouvement. On peut aller plus loin et tenter de l'expliquer.

Ce qui la rend en apparence inintelligible, c'est

que, trompés par une fausse interprétation de l'expérience, nous sommes portés à croire que la cause n'agit qu'en livrant une partie de sa substance, qu'elle s'épuise par son exercice même. Et comme la pensée ne se transforme pas en mouvement, elle semble condamnée à l'inaction.

Mais si l'on songe que, depuis l'origine, l'énergie du monde n'a pas faibli et se conserve intacte, si surtout on analyse le concept même de devenir, on se convaincra aisément que la cause est vraiment productrice, que ses effets se distinguent d'elle, que, par suite, ils ne lui empruntent rien et ne peuvent l'entamer. C'est du sein de l'immobilité qu'elle agit et produit le devenir. Seule cette conception rend intelligible la persistance de l'être. Le monde, en effet, glisserait insensiblement sur une pente dont le terme serait le néant, si la cause se dépensait en agissant ou fléchissait sous le poids du temps. Mais si, comme il faut bien l'admettre, elle demeure intacte, rien ne s'oppose à ce que la pensée, sans rien transmettre au mouvement, ni de son énergie, ni de sa substance, agisse pourtant sur lui. Qualité pure, elle produit des qualités et, sans accroître la force du mouvement, elle en fait varier la direction.

La quantité exige donc l'action directrice de la qualité. La qualité, à son tour, réclame l'intervention de la liberté. La qualité, en effet, est active, et son activité est mêlée de passivité, elle est cause, mais en même temps elle est effet. Ce qu'elle transmet elle l'a reçu. Il faut à l'activité qui se transmet par son intermédiaire une source. On ne peut la trouver que dans la liberté. La liberté est à l'activité ce que les principes sont à la lumière intellectuelle. Elle en est le foyer.

Malgré sa fécondité, la liberté pourtant demeurerait toujours impuissante, si elle ne parvenait à mettre un terme à son indétermination, et à se choisir une voie. Pour opérer ce choix, il lui faut une raison. Cette raison ne se trouvera pas dans le passé qui est clos, puisque l'acte libre est un commencement absolu. C'est donc l'avenir qui la fournira.

Or, comment l'avenir peut-il exercer une influence sur le présent. C'est la dernière question qui reste à éclaircir. Il est aisé de montrer que pour exercer une influence, l'avenir doit être connu, et que l'action, qui a posé le monde et qui le dirige, non seulement est pénétrée de finalité, mais que cette finalité est consciente.

Elle ne peut être inconsciente. Si l'intervention de la cause finale est nécessaire, c'est apparemment que la cause efficiente est impuissante à se diriger seule et à s'orienter vers l'avenir, qu'elle est partiellement indéterminée. Cette indétermination ne peut être rompue par la cause finale. Si la relation de la cause à l'effet est contingente, celle des moyens à la fin l'est encore plus. Et comme, en dehors de la cause efficiente et de la cause finale, il n'y a rien, l'indétermination laissée par l'une et par l'autre persistera. L'être incertain de sa voie sera impuissant à faire la démarche décisive qui le tirerait du monde des possibles, c'est un candidat éternel à l'existence. Pour donner une action à la cause finale, on sera contraint de lui accorder une efficacité absolue. Mais alors, et pour une raison contraire, l'évolution de l'être sera encore entravée. Il ne pouvait, dans la première hypothèse, franchir la limite qui sépare le possible du réel, il ne pourra, maintenant, déchoir de la perfection. Souveraine, en effet, non seulement la cause finale ne doit laisser subsister aucune imperfection, mais elle doit encore s'opposer au devenir qui est une indigence essentielle et persistante. Elle ne peut rencontrer d'obstacles à l'attrait qu'elle exerce sur la cause efficiente, puisque c'est elle qui suscite toute existence. Sollicité par la cause finale, l'être ne peut s'attarder dans les degrés inférieurs de réalité et de perfection, il doit les franchir d'un bond pour arriver au terme et s'établir dans l'absolu. Et si, comme on l'avoue, l'avènement à l'existence est le résultat de la lutte entre les possibles, la déchéance même momentanée de la perfection est inconcevable, qu'est-ce qui pourrait lui disputer la victoire ? La cause finale, si elle est inconsciente, et, par conséquent, privée de choix et de liberté, laisse l'être dans une indétermination absolue, ou, au contraire, elle le retient sur les sommets de la perfection, mais c'est justement le passage de l'une à l'autre, en un mot, le devenir qu'elle devrait expliquer. C'est l'œuvre qu'on lui assigne, et pour laquelle on réclame son intervention. Manifestement elle y est inégale. On n'explique le devenir que par un choix libre, et le choix ne va pas sans intelligence.

On est donc contraint de se rejeter sur une finalité consciente. Et si celle-ci, comme nous croyons l'avoir montré, ne peut s'entendre dans un être soumis au devenir, si, pour former un plan avec une pleine conscience du but qu'on poursuit et des démarches succesives qui doivent mener à le concevoir, il faudrait l'avoir déjà présent, on sera fatalement conduit à cette conclusion, que la pensée directrice qui entraîne le monde réside au sein d'une conscience immobile, qui ne devient pas, mais qui est. C'est de cette pensée que la vraie cause, la liberté, reçoit sa détermination, et aussi son affranchissement, c'est par elle qu'elle devient absolue. Donc, non seulement la pensée peut agir sur le mouvement, mais encore elle nous apparaît comme la seule cause capable de le produire et de le fixer. Tant qu'on ne se retourne pas vers elle, on ne trouve que des explications insuffisantes et incomplètes. C'est d'elle que tout procède. Elle n'est pas seulement une cause, elle est la cause universelle.

Vu et permis d'imprimer,
Le Vice-Recteur
de l'Académie de Paris.
GRÉARD.

Vu et lu,
en Sorbonne, le 14 mai 1897,
Le Doyen de la Faculté des Lettres
de l'Université de Paris,
A. HIMLY.

TABLE DES MATIÈRES

Avant-propos... 1

LIVRE PREMIER

LE PROBLÈME : LA LIBERTÉ, LA PENSÉE ET LE MOUVEMENT

Si la liberté est inactive, les pensées, les images, les impulsions de l'instinct, en un mot tous les événements psychiques le seront aussi, et pour les mêmes raisons. Or, dit-on, les événements psychiques sont en effet inactifs. — La pensée est un reflet ou un des aspects du mouvement.
Réfuter cette théorie c'est poser le problème. — Si la pensée, en effet, est distincte du mouvement, il faut expliquer comment elle demeure d'accord avec lui. — Ce ne peut être que par une action médiate ou immédiate. — Comment cette action se peut-elle exercer sans faire varier l'énergie du monde?................. 5

CHAPITRE PREMIER

LA PENSÉE N'EST PAS UN REFLET

I. — La pensée-reflet est un être sans activité. — Métaphore inexacte : Un reflet est actif; c'est un faisceau lumineux qui se propage suivant les lois qui lui sont propres; il est cause. — La pensée-reflet n'est pas cause. — Elle n'agit pas sur le mécanisme : C'est le postulat du système. — Elle n'agit pas sur les événements psychiques qui lui succèdent. — Son action, en effet, en vertu de l'accord du physique et du mental, aurait un retentissement immédiat dans le mécanisme et en ferait varier les directions, ce qui est impossible. La pensée-reflet est donc entièrement inactive.

II. — Elle est, de plus, sans cause. — Elle n'est évidemment pas produite par les événements psychiques qui la précèdent. — Dans la région des reflets il n'y a pas de cause. — Elle ne provient pas du mécanisme : L'énergie enveloppée dans un mouvement se transmet tout entière au mouvement qui lui succède. — Pas une partie n'en est aliénée au profit de la pensée. — La pensée-reflet est un être sans activité et un effet sans cause. — C'est un concept inintelligible. — Il l'est surtout dans le système phénoméniste. — Si la cause n'est que l'antécédent invariable d'un conséquent déterminé, pourquoi la pensée-reflet qui précède le mouvement n'en serait-elle pas la cause ?

III. — L'accord de la pensée-reflet et du mouvement est inexplicable. — Ces reflets, ces fantômes d'être qui ne sont unis par aucun lien réel et qui sont indépendants du mécanisme, se succèdent régulièrement, comme s'ils étaient liés les uns aux autres et demeurent d'accord avec les phénomènes matériels auxquels ils paraissent unis. — Cette succession régulière et cet accord se maintiennent sans cause assignable. — C'est une harmonie spontanée et fortuite.

IV. — On répond que les phénomènes psychiques sont liés par un lien de causalité. — Il ne reste donc plus qu'à expliquer leur accord avec les phénomènes matériels, et cette explication nul système ne la donne. — Cette hypothèse ne résout pas les difficultés indiquées plus haut, elle les aggrave. — Le mental, en effet, n'est pas contemporain du physique. — Le premier événement psychique a été sans cause. — Sans cause psychique, il est le premier. — Sans cause matérielle, c'est l'hypothèse. — Il surgit donc du néant par une génération spontanée inexplicable. — De plus il se trouve en si parfaite harmonie avec le phénomène matériel auquel il vient se joindre qu'il paraît en être le reflet. — Il détermine par son apparition une série indéfinie de phénomènes psychiques qui resteront toujours d'accord avec le mouvement dont ils sont indépendants. — Accord merveilleux et doublement inexplicable. — La pensée-reflet est un reflet absolu. — Elle se confond avec le néant. — Elle n'est pas.. 9

CHAPITRE II
LA PENSÉE N'EST PAS DU MOUVEMENT TRANSFORMÉ

I. — Autre forme du même système. — La pensée n'est pas un reflet. — Elle est un mouvement transformé. — Comme la chaleur, la pensée a un équivalent mécanique. — Critique : Dans le système phénoméniste le mouvement ne se transforme pas en chaleur, mais un mouvement de translation se transforme en mouvement moléculaire. — La transformation du mouvement en pensée serait une vraie métamorphose. — Elle serait sans analogie dans la nature.

II. — Même admise, cette métamorphose inintelligible n'expliquerait rien. — Etat de la question : Il s'agit d'expliquer l'accord de la pensée avec le mouvement dont la vitesse et la direction sont rigoureusement déterminées par les lois mécaniques. — Transformé en pensée, le mouvement obéit-il aux lois mécaniques? C'est une hypothèse dénuée de sens. — Il n'est donc pas régi par les lois mécaniques. — De plus, la pensée qui lui a succédé et qui l'a absorbé enveloppe un élément qualitatif. — Cet élément qualitatif, cette qualité est-elle inactive? C'est un épiphénomène, un reflet; nous retombons dans l'hypothèse repoussée plus haut. — Est-elle active au contraire? Le mouvement reçoit de lui une impulsion ou du moins une direction nouvelle. — Il n'est pas uniquement dirigé par les lois mécaniques. — Comment s'explique l'intervention de cet élément qualitatif? — C'est la question qu'il faut résoudre. — Elle se dresse devant les phénoménistes. — Ils sont dans la même situation que les spiritualistes les plus déterminés................ 21

CHAPITRE III

LA PENSÉE N'EST PAS UN ASPECT DU MOUVEMENT

I. — La pensée est un des aspects du mouvement. — Critique : Théorie contradictoire. — Il y a nécessairement deux phénomènes là où se trouvent deux apparences distinctes, et de plus irréductibles. — Cette théorie tend à identifier la pensée et le mouvement. — Après avoir montré dans le chapitre premier que la pensée ne peut être assimilée à un reflet et annulée, nous allons prouver qu'elle se distingue du mouvement et qu'elle a un être propre.

II. — La pensée est située hors de l'espace. — Les vieilles démonstrations qui l'établissent n'ont rien perdu de leur valeur. — Elles n'ont rien à redouter des recherches sur les localisations cérébrales. — Elles y trouvent au contraire une confirmation. — La pensée se distingue du mouvement et de la matière. — Elle est simple. — Vraie notion de la simplicité : La simplicité mathématique et la simplicité métaphysique. — La pensée est située hors de l'espace.

III. — Elle est aussi hors du temps. — Opposition du mouvement et de la pensée. — Le mouvement est successif ; il est plongé dans le temps. — La pensée dure, elle est hors du temps. — Preuves : Percevoir une mélodie c'est percevoir un tout dont les parties sont successives. — Comment la pensée pourrait-elle percevoir ce tout si elle s'écoulait avec les phénomènes successifs qui le composent ? — On dira peut-être que nous confondons la perception avec l'imagination ou la mémoire, que la perception est instantanée. — Mais d'abord une perception instantanée est un phénomène qui nous est inconnu. — Pour le dégager de tout alliage les instruments de précision nous manquent. — De plus, même resserrée dans des limites aussi étroites que l'on voudra, la perception demeure toujours soustraite aux lois du temps. — Elle occupe, sans devenir successive, une portion déterminée du temps. — Preuves : L'objet de la perception est une vibration moléculaire, un mouvement. — Un mouvement qui est une succession ininterrompue de positions dans l'espace ne peut être perçu que par une pensée qui domine cette succession et qui est hors du temps. — De plus, ni un mouvement, ni une oscillation complète ne suffisent pour que la perception s'opère. — Percevoir une couleur ou un son c'est percevoir un rapport défini entre deux termes : le nombre des vibrations de l'éther ou de l'air et le temps. — Pour que le rapport soit perçu il faut que les termes soient l'objet de la pensée, et que la pensée, puisqu'ils sont successifs, soit hors du temps.

IV. — La pensée est hors du temps. — Autres preuves : La mémoire suppose une perception immédiate du passé. — Théorie phénoméniste de la mémoire. — La réapparition des états de conscience passés. — La reconnaissance. — La localisation. — Critique : Localisation. — L'aptitude d'un phénomène conscient à s'insérer entre deux phénomènes de notre vie passée, et à s'associer à eux sans résistance n'est pas une marque qu'il appartient à notre vie passée. — A ce signe nous ne pouvons ni le reconnaître ni le localiser. — Il s'associe quelquefois plus aisément à des phénomènes qui ne l'ont ni suivi ni précédé dans le temps. — Pour nous souvenir, il nous faut faire effort. — En outre l'aptitude d'un phénomène à s'associer à ceux qui l'ont ou précédé ou suivi dans le temps n'est pas la cause du souvenir. — Elle en est au contraire l'effet. — La reconnaissance : Insuffisance du critérium phénoméniste. — Tout état de conscience, faible, contredit par le présent, cohérent, n'est pas un état de conscience passé. — D'une relation d'intensité on ne peut déduire une relation de temps. — La perception de l'éloignement dans l'espace, de la profondeur, et la perception de l'éloignement dans le temps, du passé. — L'association entre la dégradation progressive des couleurs et l'éloignement dans l'espace est une association empirique. — L'association entre la faiblesse de nos états de conscience et leur éloignement dans le temps n'est pas a priori. — Si la pensée ne percevait pas directement l'éloignement dans le temps, elle ne pourrait être a posteriori, elle serait donc impossible. — La pensée ne s'écoule pas avec les phénomènes. — Elle n'est pas seulement leur image. — C'est d'un point fixe situé hors du temps qu'elle voit leur succession. — La reconnaissance est l'âme du souvenir. — La réapparition et la localisation des états de conscience passés n'en sont que la matière. — Or, reconnaître c'est comparer le présent au passé et par suite les percevoir l'un et l'autre. — La durée de la pensée et la durée d'un phénomène matériel. — Leur différence.. 26

CONCLUSION

La pensée n'est pas un reflet. — Elle n'est pas un des aspects du mouvement. — Elle a une réalité propre. — Elle est active. — Il faut donc expliquer comment s'exerce son action.. 48

LIVRE II

LE SYSTÈME DE LA CONTINGENCE

CHAPITRE PREMIER

EXPOSÉ DU SYSTÈME

I. — Les phénomènes. — Les lois de la nature sont contingentes. — Toute loi est un rapport d'antécédent à conséquent.

Or le rapport d'antécédent à conséquent n'est pas un rapport nécessaire. — L'antécédent est lié au conséquent, non par le principe de causalité, mais par une loi purement expérimentale. — Preuves : 1. Les éléments de cette loi sont tous empruntés à l'expérience. — L'antécédent et le conséquent sont des phénomènes. — Ils n'ont d'autre relation qu'une relation de temps. — 2. Cette loi n'est pas contemporaine de la raison. — Elle est relativement récente. — Elle s'est modifiée et perfectionnée au contact de l'expérience. — 3. Un lien nécessaire répugne à la nature même des phénomènes. — Leur apparition est déterminée par les choses en soi. — Ils sont indépendants les uns des autres. — Leur ordre de succession ne peut être réglé par une loi nécessaire.

II. — Le rapport de l'antécédent au conséquent qui n'est pas nécessaire n'est pas invariable. — 1. Cette invariabilité n'est pas constatée. — Désaccord léger mais constant entre les phénomènes et leur loi. — 2. L'invariabilité non seulement n'est pas constatée, mais elle ne peut pas l'être. — Les phénomènes situés dans l'espace et dans le temps, quantités continues, se dérobent par leur nature même à toute mesure précise. — On ne désignera jamais les points indivisibles qui les limitent dans le temps et dans l'espace. — Ces points n'existent pas.

III. — L'invariabilité qui n'est pas constatée, qui ne peut pas l'être, est, de plus, en elle-même, contradictoire. — Toute succession suppose une différence qualitative, puisque la quantité est constante. — Or deux qualités différentes ne peuvent être équivalentes. — Elles n'ont pas de commune mesure.

IV. — 1. Les choses en soi : Leur existence. — Les phénomènes sont en réalité indépendants les uns des autres. — La cause d'un phénomène est donc hors de la série phénoménale, dans les choses en soi. — En outre un phénomène n'est connu qu'en relation avec un autre. — Il ne serait pas vraiment s'il n'existait pas pour lui-même et si, sous les phénomènes, ne se trouvaient les choses en soi. — 2º Les choses en soi : Leur nature. — Elles sont les causes des phénomènes et leur servent de support. — Elles sont analogues à notre âme. — Ce sont des spontanéités actives qui tendent vers l'idéal. — Dans cette tendance et dans l'élan qu'elle détermine il y a des arrêts momentanés. — Cette immobilité transitoire, analogue à ce que dans l'homme on appelle l'habitude, est le fondement des lois de la nature. — Elle n'enchaîne pas d'une manière définitive les spontanéités actives dont le progrès est toujours possible.................... 53

CHAPITRE II

CRITIQUE DU SYSTÈME DE LA CONTINGENCE : L'INVARIABILITÉ DES LOIS EST INTELLIGIBLE

I. — Critique : On ne peut nier la différence qualitative de deux phénomènes successifs. — Et ce qu'il y a de distinctif et de spécifique dans une qualité ne peut être ni mesuré ni désigné par un nombre. — Néanmoins la raison établit a priori qu'il y a des qualités qui sont équivalentes et d'autres qui ne le sont pas. — C'est sur cette distinction que se fonde la hiérarchie des êtres.

II. — L'expérience venant au secours de la raison permet de préciser les rapports d'équivalence et de marquer les phénomènes qui peuvent être liés. — Ce rapport qualitatif peut devenir quantitatif. — La qualité n'est pas qualité pure. — Elle a avec la quantité des relations accidentelles : elle s'étale dans l'espace. — Elle en a aussi d'essentielles : elle a une intensité. — L'intensité se mesure par l'intermédiaire du mouvement. — L'équivalence quantitative entre des phénomènes qui diffèrent qualitativement est donc intelligible.

III. — Elle est rigoureusement mesurable. — Le mouvement se déroule sans doute dans le temps et l'espace. — Et toutes les parties de ces quantités continues, continues elles-mêmes, sont toujours divisibles. — Mais les points qui limitent un mouvement dans le temps et dans l'espace ne sont pas des parties de temps et d'espace. — Ce sont des bornes idéales. — La portion d'espace et de temps occupée par un phénomène est rigoureusement déterminée. — Ce n'est donc pas par leur nature même que les phénomènes se dérobent à la mesure. — Il peut y avoir entre eux des rapports définis et invariables. — Y en a-t-il?................ 68

CHAPITRE III

CRITIQUE (*suite*) : L'INVARIABILITÉ DES LOIS EST ATTESTÉE PAR L'EXPÉRIENCE

I. — L'expérience nous fait-elle constater l'invariabilité des lois? — Désaccord à peu près constant entre l'expérience et la théorie, le fait et la loi. — Malgré cela, la foi des savants à la constance des lois est unanime et inébranlable. — La difficulté de démêler les lois ne les fait pas douter un instant. — Elle les anime à la recherche. — Tout fait a sa loi. — Ce n'est qu'en apparence que l'expérience témoigne contre elles. — Une induction légitime nous permet de conclure des lois connues aux lois inconnues. — Fondement de cette induction d'après Taine : De ce que dans certains cas la loi nous échappe nous ne pouvons conclure qu'elle n'existe pas. — La cause de notre ignorance nous est connue. — Les lacunes de la science s'expliquent par ses conditions. Tout fait a sa loi.

II. — De plus toute loi est invariable. — Cette seconde proposition s'établit par le même raisonnement que la première ou par un raisonnement analogue. — De ce que la cause d'une variation, dans des phénomènes liés par une loi, nous échappe, il ne s'ensuit pas que cette cause n'existe pas. — C'est notre ignorance qui nous empêche de rattacher ces variations à leur cause. — La cause de la variation se trouve dans la complexité des phénomènes. — Plus les phénomènes sont simples, plus les lois qui les régissent se rapprochent de l'invariabilité. — Ces causes de variation on les découvre souvent.

L'expérience atteste que tout fait a sa loi et que toute loi est invariable.. 78

CHAPITRE IV

CRITIQUE (*suite*) : L'INVARIABILITÉ DES LOIS REPOSE SUR LE PRINCIPE DE CAUSALITÉ

I. — Le lien qui unit les phénomènes est un lien de causalité. — Pour que la constance des lois soit mise hors de doute il est nécessaire de prouver que l'antécédent est lié au conséquent par un lien de causalité. — Les preuves apportées pour le nier sont insuffisantes. — Première preuve : Tous les éléments de la loi qui régit les phénomènes sont empruntés à l'expérience. — Réponse : On suppose ce qui est en question à savoir que les phénomènes n'ont d'autre relation qu'une relation de séquence dans le temps. — Deuxième preuve : Cette loi n'est pas contemporaine de la raison, elle a varié au contact de l'expérience. — Réponse : La raison, quand elle est parvenue à son plein développement, conçoit cette loi, a priori. — Cette loi n'est pas un résultat de la science, elle en est le fondement. — Troisième preuve : Les phénomènes qui dépendent des choses en soi répugnent à une liaison nécessaire. — Pour répondre à cette preuve il faut examiner les fondements métaphysiques du système et montrer qu'au lieu de la repousser, les choses en soi exigent la liaison nécessaire des phénomènes.

II. — Conséquences métaphysiques du système de la contingence. — 1. Relation des phénomènes entre eux. — Les phénomènes sont condition, ils ne sont pas cause. — En réalité ils demeurent indépendants les uns des autres. — 2. Relation des choses en soi avec les phénomènes. — Elles ne peuvent agir sur les phénomènes. — Ceux-ci ne peuvent pas plus subir une action que la produire. — Les choses en soi ne peuvent en outre avoir aucune communication entre elles ni agir les unes sur les autres. — Les phénomènes qui devraient servir d'intermédiaire à leur action leur sont un obstacle infranchissable. — 3. Relation des choses en soi avec l'idéal. — L'idéal ne peut agir sur une spontanéité que par l'intermédiaire d'une idée, d'une image ou d'une représentation quelconque plus ou moins confuse. — Idées et images sont des phénomènes qui ne peuvent transmettre une action.

Le système de la contingence, au lieu de favoriser l'action des spontanéités, les entourerait de barrières infranchissables.

III. — En outre il n'explique pas la constance même

apparente des lois. — Ni l'idéal malgré son immobilité, ni la spontanéité malgré sa torpeur n'en rendent raison. — Rien n'explique pourquoi à tel moment, tels phénomènes d'intensités sensiblement égales se succèdent et paraissent liés. — Cette correspondance ne deviendrait intelligible que par l'intervention d'un idéal vivant qui suppléerait toutes les causes et produirait directement leur accord. — C'est un retour à l'harmonie préétablie et le système de la contingence devient inutile.

On a donc eu tort de rompre le lien des phénomènes. — Ils sont unis par un lien de causalité.

IV. — Autre interprétation du système de la contingence : L'antécédent est une condition sans doute, mais la condition est vraiment active. — Les êtres séparés se rejoignent, ils sont unis par une action et une réaction réciproques. — L'unité du monde se reconstitue, mais le système de la contingence est entamé. — Si la condition agit, elle est cause, non pas totale, mais partielle et déterminante. — C'est son intervention qui fait passer la cause principale de la puissance à l'acte. — Cette action de la cause principale est rigoureusement déterminée par le principe de causalité... 90

CONCLUSION

Quelque parti que l'on prenne, il faut avouer que le lien qui unit les phénomènes et qui constitue la loi est un lien de causalité. — Dans la succession des phénomènes il n'y a pas place pour la contingence........ 108

LIVRE III
LES SYSTÈMES DE CONCILIATION

CHAPITRE PREMIER

LES SYSTÈMES MÉTAPHYSIQUES

Systèmes métaphysiques. — Leibnitz et Malebranche : Le corps et l'esprit sont en réalité indépendants l'un de l'autre. — Critique : Des deux parties qui composent le monde, l'une est inutile. — Leur accord est inexplicable. — L'explication de Leibnitz et celle de Malebranche au fond sont identiques. — Dans l'une et dans l'autre c'est Dieu qui unit directement le corps à l'esprit. — Cette explication est trop générale et par suite insuffisante. — Et, ce qui est plus grave, elle postule ce qu'il faudrait prouver, à savoir, que la pensée peut diriger les mouvements.................. 113

CHAPITRE II

LES SOLUTIONS MATHÉMATIQUES : M. DE SAINT-VENANT

I. — Système de M. de Saint-Venant : Un mécanisme peut être si parfait qu'une impulsion très légère suffit à le mettre en mouvement. — Il n'y a pas de limite assignable à la perfection d'un mécanisme ni à la réduction de la force qui doit le mettre en branle. — On peut supposer qu'on parviendra à rendre cette force nulle. — Les organismes vivants sont parfaits. — Ils peuvent être mus par une force nulle.

II. — Critique : Il est douteux que les procédés du calcul infinitésimal, sur lesquels on se fonde, permettent de réduire à zéro la force nécessaire pour mettre en branle un mécanisme même parfait. — Si l'intervention d'une force nulle était suffisante pour produire un tel résultat, l'action de la liberté, au lieu d'être toute-puissante, deviendrait inutile. — Si la force qui doit « décrocher » les mouvements n'est pas nulle, mais infiniment petite, on viole, en la faisant intervenir, le principe de la conservation de l'énergie qu'on voulait sauvegarder.

III. — En outre, cette force ne peut pas être infiniment petite, ni l'organisme tel qu'il le faudrait pour se prêter à cette action. — Cette force n'est pas infiniment petite. — Il ne suffit pas qu'elle décroche le mouvement pour qu'un acte si complexe que l'est un acte libre s'accomplisse. — Il faut qu'elle accompagne le mouvement et que son action soit continue comme le mouvement lui-même.

IV. — L'organisme ne peut être tel qu'il le faudrait pour se prêter à cette action. — Pour s'ébranler sous une impulsion aussi légère, les forces de l'organisme devraient être dans un état d'équilibre instable. — Elles seraient alors à la merci du hasard, prêtes à se mettre en mouvement au moindre souffle. — Elles seraient dans une agitation perpétuelle et se déroberaient sûrement à la direction de la volonté. — A moins que la volonté ne soit chargée tout à la fois de les contenir et de les décrocher ; — mais pour remplir ce double rôle elle devrait avoir à sa disposition une quantité d'énergie tout à la fois en raison inverse et en raison directe des forces qu'elle serait chargée, suivant l'occasion, de décrocher ou de contenir. — Ce système annule l'action de la liberté 118

CHAPITRE III

LES SOLUTIONS MATHÉMATIQUES : M. BOUSSINESQ, M. DELBEUF

I. — Système de M. Boussinesq : Les solutions singulières : Le mouvement total est indéterminé. — Chacune de ses parties est déterminée par celle qui précède. — C'est un terrain de conciliation pour le déterminisme et la liberté. — Les solutions singulières ne fourniraient pas une démonstration de la liberté, elles la feraient pourtant pressentir.

II. — Critique : Ce système se heurte aux mêmes difficultés que le précédent. — Des forces rigoureusement indéterminées, au lieu d'attendre la direction de la liberté ou de la vie, seraient à la merci d'une impulsion quelconque. — La persistance de la vie serait inexplicable.

III. — En outre le fondement du système est ruineux. — Un mobile réel n'est jamais indéterminé. — S'il était indéterminé, il ne pourrait être tiré de son indétermination par une force extra-physique. — Si l'âme a un pouvoir réel sur le mécanisme, elle pourra l'exercer même en l'absence des solutions singulières. — Si elle n'en a pas, que pourra-t-elle faire même devant un mobile indéterminé ? — On lui accorde

— 314 —

trop ou trop peu. — Toutes les solutions mathématiques peuvent être condamnées a priori. — C'est en vain qu'on cherche une force qui garde, en tombant à zéro, quelque chose de son efficacité.

IV. — Système de M. Delbeuf : Hypothèse d'un pouvoir sur le temps : L'âme ne peut faire varier la force de l'organisme, mais elle peut la dépenser à son gré et à son heure. — Critique : On ne peut agir sur le temps sans agir sur le mouvement. — Cette solution, pour être intelligible, doit s'identifier avec les précédentes. — Elle succombe sous les mêmes objections......... 125

CHAPITRE IV

SOLUTION MIXTE : M. FONSEGRIVE

I. — Système de M. Fonsegrive : Les lois sont invariables. — L'énergie du monde est constante, ou du moins ses variations sont insensibles. — L'âme a à sa disposition une quantité déterminée de force dont elle use à son gré pour mouvoir l'organisme auquel elle est unie.

II. — Critique : L'expérience, toutes les fois qu'elle peut être utilement consultée, témoigne contre cette hypothèse. — Elle est gratuite.

III. — Elle est de plus arbitraire. — Ce ne sont pas seulement les êtres libres qui devraient avoir à leur disposition une certaine quantité de force, mais encore les êtres vivants et même tous les êtres. — Tous subissent des directions qui ne relèvent pas des lois mécaniques. — Que devient alors la loi de la persistance de la force? — De plus, comment déterminer la force qui sera accordée à chaque être vivant et libre? — Difficultés inextricables.

IV. — Cette force, du reste, serait inutile. — Elle ne peut être indéterminée. — Et si elle est déterminée, comment la liberté pourra-t-elle la mouvoir? — Toutes les difficultés écartées reparaissent. 134

CHAPITRE V

LA LOI DE LA CONSERVATION DE L'ÉNERGIE

I. — La somme de l'énergie potentielle et actuelle est invariable dans le monde. — Fondements de cette loi. — Le théorème des forces vives. — L'équivalent mécanique de la chaleur.

II. — On a longtemps attaqué la conservation de l'énergie au nom de la psychologie. — On croyait que la sensation d'effort nous faisait connaître les forces que l'âme lançait dans l'organisme. — La physiologie paraissait d'accord avec la psychologie. — Expériences de Wundt : Elles prouvaient que, tout mouvement aboli dans l'organisme, l'effort persistait. — Il était donc purement psychique. — Mouvement en sens contraire. — Expériences de Vulpian, de W. James. — La sensation d'effort est afférente, non efférente. — Elle nous fait connaître non pas l'énergie transmise au corps par l'âme, mais les forces déployées par l'organisme pour exécuter les ordres de la volonté. — Influence de l'idée ou de l'image sur le mouvement. — Expériences de Chevreul. — Théories de Renouvier et de W. James. — L'influence de la pensée est qualitative. — Elle ne peut donc faire varier l'énergie que contient le monde.

III. — Que la loi de la conservation de l'énergie soit niée, que l'on admette que tous les phénomènes psychiques sont des forces, pourvu qu'on accorde, ce qui n'est pas contestable, qu'ils enveloppent en même temps que la quantité une qualité, la difficulté qu'on croyait écartée reparaît. — Cette qualité doit être active. — On ne peut nier cette activité au nom de la loi de la conservation de l'énergie qui ne serait pas violée ; — mais au nom de ce prétendu principe : On ne dirige une force quantitative que par une force de même nature. — Ce principe est-il incontestable ? — C'est ce qui reste à examiner.. 143

LIVRE IV

QUANTITÉ ET QUALITÉ

CHAPITRE PREMIER

LA QUANTITÉ N'EST PAS LA SEULE RÉALITÉ VRAIMENT OBJECTIVE — LA QUALITÉ SE DÉDUIT-ELLE DE LA QUANTITÉ?

Tout est-il quantitatif?
I. — Tout n'est pas quantitatif et le mouvement lui-même enveloppe un élément qualitatif. — Le mouvement suppose le temps et l'espace. — Le temps et l'espace sont continus. — La quantité pure ne suffit pas à constituer le continu.
II. — En outre, le temps et l'espace sont distincts l'un de l'autre par l'ordre de leurs parties. — Cet ordre ajoute quelque chose à la quantité. — Élément original qu'il enveloppe. — L'espace n'est pas seulement une simultanéité. — Toute simultanéité ne s'ordonne pas dans l'espace. — Les parties du temps et de l'espace sont encore distinctes par leur nature.
III. — Le temps et l'espace, conditions nécessaires du mouvement, ne suffisent pas à le constituer. — Il faut de plus une direction déterminée. — Cette direction est qualitative. — On va du nombre au temps, à l'espace et au mouvement par des additions successives et qualitatives. — Le concept de mouvement est plus compréhensif que le concept de quantité, il ne s'en peut déduire..................................... 159

CHAPITRE II

LA DIRECTION NE RÉSULTE PAS DU CONFLIT DES FORCES — LA QUALITÉ EST VRAIMENT ACTIVE

Nous avons montré que la direction du mouvement, que la qualité ne se déduit pas de la quantité. — Mais la déduction n'est pas la loi du devenir. — La direction n'est-elle pas produite par la quantité? — Importance de cette question.

I. — Pour la résoudre il faut d'abord chercher la cause du mouvement. — Le mouvement ne se suffit pas à lui-même. — Sans l'intervention d'une cause, au sens métaphysique, on n'explique ni son apparition ni sa durée. — On n'explique pas son apparition. — Il ne peut pas avoir commencé, puisque tout mouvement en suppose un autre. — Il ne peut pas être éternel, puisqu'une série actuellement infinie est contradictoire. — On n'explique pas sa durée. — Ses démarches successives ne peuvent trouver une cause dans les démarches précédentes, et par suite restent sans cause. — Le mouvement n'est intelligible que s'il est produit par une force.

II. — Ce terme de force a ici une signification métaphysique. — La force n'est pas un mouvement moléculaire apte à se transformer en mouvement de translation. — Preuve : La force ou l'énergie potentielle d'un pendule parvenu à l'un des points extrêmes de son mouvement d'oscillation, est peut-être un mouvement moléculaire, mais l'énergie potentielle des molécules quand leur vitesse est nulle ou que leur mouvement se ralentit n'est sûrement pas un mouvement moléculaire. — C'est une force, au sens métaphysique. — Cette force a une énergie déterminée, une quantité et en même temps une orientation, une qualité.

III. — On est porté à croire que cette qualité est un résultat de la quantité et que la direction du mouvement résulte du conflit des forces, comme l'évolution de la lutte pour la vie. — Insuffisance de cette explication. — Si la quantité était seule, la direction du mouvement resterait indéterminée. — Tout mouvement serait réversible. — Le conflit des forces suppose la direction du mouvement et ne la produit pas. 168

CHAPITRE III

LA DIRECTION NE RÉSULTE PAS DU CONFLIT DES FORCES (suite) : LA RÉVERSION DU MOUVEMENT

La qualité est active : Preuve tirée de la réversibilité des mouvements matériels.

I. — Etude de M. Philippe Breton. — Le théorème de la réversion. — La réversion d'une goutte de pluie, d'une pomme pourrie.

II. — On peut tirer de là une preuve de l'activité de la qualité. — Si la réversion, qui est théoriquement possible, est pratiquement irréalisable, c'est donc qu'il y a dans la réalité un élément qui n'est pas enveloppé dans les formules mathématiques. — Cet élément est actif, puisque c'est lui qui empêche le retour en arrière, entrave la réversion, pousse le mouvement dans une direction déterminée et l'y retient.

III. — Si la quantité d'énergie que contient le monde est constante, entre deux moments successifs, distants ou contigus, il n'y a pas de différence quantitative. — Ce n'est donc pas la quantité qui détermine la direction du mouvement. — C'est la qualité.

IV. — Confirmation de cette théorie : La réversion dans les êtres vivants et libres, dans l'homme. — Les mouvements moléculaires qui accompagnent la pensée sont comme les autres théoriquement réversibles. — Ici la réversion ne serait pas seulement étrange, elle serait illogique. — Ce qui la rend absurde et ce qui l'entrave, c'est l'événement intérieur et qualitatif auquel elle est liée. — Une induction légitime nous autorise à dire que dans la nature entière c'est aussi la qualité qui s'oppose à la réversion et qui fixe la direction du mouvement. — La qualité est donc active.. 178

CHAPITRE IV

LA THÉORIE CINÉTIQUE N'EST PAS DÉMONTRÉE

I. — Tout est-il mouvement et les lois mécaniques sont-elles les lois universelles? — Théorie purement cinétique : C'est depuis qu'on a substitué la recherche quantitative à l'étude de la qualité que la science progresse. — La lumière, le son, la chaleur et toutes les autres qualités sensibles sont des mouvements. — Les variations de volume des corps ainsi que les changements qui altèrent leur nature résultent des mouve-

ments intestins des atomes. — Il n'y a donc que du mouvement et les lois mécaniques sont les lois universelles.
II. — Critique : Observations préliminaires. — Distinction des lois et des hypothèses physiques. — Les hypothèses sont provisoires. — Opinion de Claude Bernard.
III. — La théorie cinétique n'a jamais passé pour certaine et incontestable. — Elle n'a été proposée par Clausius que comme une hypothèse plausible. — Les calculs qui se fondent sur elle, quoiqu'ils conduisent à des résultats qui sont d'accord avec les faits, ne peuvent fournir de preuve décisive en sa faveur. — Opinion de M. Poincaré.
IV. — Cette théorie, qui n'a jamais passé pour certaine et incontestable, M. Duhem dès maintenant la tient pour fausse. — Comme elle serait un obstacle à l'action de la liberté et de la pensée, que la conscience nous atteste, nous nous croyons autorisés à accepter, même sans la discuter, l'opinion de M. Duhem et à conclure : Il n'y a pas d'explication mécanique de l'Univers.. 198

LIVRE V

LA CAUSE

CHAPITRE PREMIER

LES FORMULES MATHÉMATIQUES, QUOIQUE EXACTES, NE PEUVENT FOURNIR LE CONCEPT DE CAUSE. — LA CAUSE EST QUALITATIVE

I. — La cause n'est ni le mouvement ni la quantité pure. — Le concept de cause fourni par la critique et par la science positive est identique. — Son insuffisance. — Ni l'unité de la pensée ni l'équivalence quantitative ne peuvent lier les phénomènes. — Ils ne peuvent fonder la loi.

II. — La vraie cause est la qualité. — C'est une qualité occulte. — Elle est occulte comme la pensée. — Les formules mathématiques ne sont pourtant pas inexactes. — Leur objet est la quantité et elles n'enveloppent pas d'erreur quantitative. — Mais la quantité n'épuise pas le réel.................. 213

CHAPITRE II

L'ACTION DE LA PENSÉE ET LA CONSTANCE DES LOIS

I. — Comment l'action de la pensée, qui est qualité, se concilie-t-elle avec l'immutabilité des lois? — Les lois sont immuables mais conditionnelles. — L'intervention de la pensée et de la qualité est un cas particulier du conflit des forces.

II. — La puissance de la qualité n'est pas illimitée. — Elle ne peut faire varier l'énergie des éléments dont elle utilise les forces, ni changer leur nature. — Elle peut opposer les forces, dont elle use, et les dominer les unes par les autres........................... 223

CHAPITRE III

VRAIE NOTION DE LA CAUSALITÉ. — LA CAUSE NE S'ALTÈRE PAS EN AGISSANT

L'action de la qualité, qui n'a rien de quantitatif, est-elle intelligible?

I. — Notions inexactes de la causalité. — La cause en agissant ne livre pas une partie de son énergie. — Preuves : La transmission du mouvement. — Le mouvement n'est pas amorti par l'action qu'il exerce, mais par celle qu'il subit. — La persistance de la force. — Si elle n'a pas faibli, c'est qu'elle ne s'use pas en agissant. — Preuve tirée du concept de devenir. — Tout effet est entièrement nouveau. — Il n'emprunte rien à la cause et ne peut l'amoindrir.

II. — Ceci posé, si la cause ne livre pas une partie d'elle-même pour produire son effet, l'action de la pensée est assimilable à toute cause et devient intelligible. — Pour agir il n'est pas nécessaire qu'elle se transforme en mouvement. — Efficacité de cette action intérieure. — La pensée s'empare des forces vitales, la vie des forces chimiques. — Les systèmes examinés plus haut préparent l'esprit à cette idée de la cause et de l'activité.......... 231

CHAPITRE IV

LA LIBERTÉ

La liberté seule réalise pleinement le concept de cause.
I. — Il est difficile d'entendre la liberté. — Cette difficulté résulte de la nature de l'intelligence. — Il y a dans le réel un élément que tout concept abstrait laisse échapper. — Nous ne donnerons pas de preuve de la liberté. — Le témoignage de la conscience nous suffit.
II. — La conscience de la liberté n'est pas contradictoire. — Elle ne suppose pas une science infinie. — Elle ne peut être illusoire.
III. — La liberté est le fondement de la causalité. — C'est par elle que toute cause devient intelligible.... 240

LIVRE VI

LA FIN

La vraie cause est liberté. — C'est la liberté absolue. — La liberté, quoiqu'elle soit indéterminée, ne nous ramène pas par une voie détournée à notre point de départ. — Différence entre l'indétermination de la quantité pure et celle de la liberté. — La première provient de l'indigence, la seconde au contraire de la richesse. — La liberté pourtant ne peut pas agir tant que son indétermination persiste. — La raison qui la détermine ne peut se trouver dans le passé qui est clos. — Elle est donc dans l'avenir. — Comment l'avenir peut-il agir sur le présent?... 249

CHAPITRE PREMIER

LA FINALITÉ INCONSCIENTE : M. LACHELIER

La finalité inconsciente : Système de M. Lachelier.
I. — La cause efficiente ne se suffit pas. — Elle réclame pour agir l'intervention de la cause finale.
II. — La cause finale relâche les liens de la nécessité et introduit dans le monde la liberté.
III. — Elle produit ainsi l'harmonie et le plus haut degré d'harmonie possible.
IV. — La théorie de M. Lachelier et la théorie d'Aristote. — Leurs ressemblances et leurs différences.
Résumé. — D'après M. Lachelier la cause finale rompt l'indifférence de la cause finale, — introduit dans le monde la liberté, — et y produit l'harmonie......... 253

CHAPITRE II

LA FINALITÉ INCONSCIENTE N'EXPLIQUE PAS LE DEVENIR

I. — Critique : La cause finale ne peut rompre l'indifférence de la cause efficiente. — Si la relation de la cause à l'effet est contingente, celle des moyens à la fin l'est encore plus. — L'indétermination laissée par la cause finale ne peut être rompue par « la sagesse muette de la nature ». La nature en effet est la cause efficiente elle-même. On ne peut, sans faire un cercle, avoir recours à elle pour déterminer la cause finale. — En outre, cause efficiente et cause finale ne sont que des aspects divers d'une même chose. — Avant d'arriver à l'existence la cause efficiente a été cause finale. — L'ambiguïté laissée par la cause finale ne pourrait donc être tranchée, puisqu'en définitive en dehors d'elle il n'y a rien.
II. — L'intervention de la cause finale dans l'évolution de l'être ne relâche pas les liens de la nécessité. — On peut faire ici deux hypothèses. La relation des moyens à la fin est contingente ou elle est nécessaire. — Si elle est contingente, le moyen ne doit pas son apparition à la fin. — Il ne la doit qu'à lui-même. —

Il est parce qu'il « le mérite ». — Mais ce mérite, qui lui a assuré la victoire dans la lutte des possibles, n'est pas soumis au changement. — Il a donc été prédestiné à l'existence de toute éternité. — Son apparition est nécessaire d'une nécessité qui n'est pas seulement relative ou hypothétique, mais absolue. — Si la relation des moyens à la fin est nécessaire, le moyen élu doit être le meilleur. Rien n'est laissé à la contingence. — La production des idées n'est pas libre, comme le prétend M. Lachelier. — Elles ne dépendent pas sans doute des événements qui les précèdent, mais elles sont liées à ceux qui les suivent, puisque tout est moyen relativement à une fin ultérieure et que la relation des moyens à la fin est nécessaire. — Dans les deux hypothèses tout est nécessaire.

III. — La cause finale produit l'harmonie, — mais elle rend inexplicable l'imperfection du monde. — L'imperfection n'est pas explicable par la résistance de la cause efficiente. — La cause efficiente est suscitée par la cause finale et tient d'elle et son existence et sa nature. — Où trouverait-elle un point d'appui pour lui résister? — L'imperfection n'est pas explicable par la rencontre et l'opposition de causes divergentes. — C'est justement pour faire converger vers un but unique les forces divergentes que l'intervention de la cause finale est nécessaire. — Si elle est impuissante à produire ce résultat, elle est inutile. — Dira-t-on que le monde est parfait? — En tout cas sa perfection est relative; elle devrait être absolue. — La fin à laquelle il tend est la perfection absolue. — Rien ne devrait pouvoir le retenir dans les degrés inférieurs de l'être. L'attrait de la perfection en effet est de sa nature tout-puissant. — En outre, la lutte entre les possibles devrait amener la victoire de la perfection absolue — et rendre sa déchéance impossible. — Après avoir dit avec Bossuet : Pourquoi le parfait ne serait-il pas? il faut ajouter : Pourquoi l'imparfait serait-il?

Résumé : La finalité inconsciente ne pourrait rompre l'indifférence de la cause efficiente. — Elle n'introduirait pas la liberté dans le monde — et l'harmonie qu'elle y produirait serait telle qu'elle rendrait inintelligible l'imperfection et impossible le devenir...... 263

CHAPITRE III

LA FINALITÉ CONSCIENTE

La finalité consciente est-elle intelligible ?

I. — Un mouvement matériel peut être dirigé par une finalité consciente. — Les opérations intellectuelles le peuvent-elles ? — Difficultés : Agir pour une fin avec une pleine conscience, c'est conformer ses actes à un plan connu. — Si le plan qui doit diriger notre pensée et auquel nous devons conformer toutes nos opérations intellectuelles nous est connu, ces opérations sont inutiles, — et ce plan lui-même, qui nous guide, pour se former d'une manière consciente aurait dû être précédé d'un autre, et ainsi à l'infini.

II. — Dans l'homme la finalité intérieure est donc un mélange de conscience et d'inconscience. — S'il en était de même dans l'absolu, l'inconscience serait primitive et en somme dominatrice. — Pourquoi ne suffirait-elle pas à conduire à son terme l'évolution qu'elle aurait commencée ? — La finalité pleinement consciente n'est pas intelligible. — Elle suppose que la pensée connaît le but vers lequel elle tend et les démarches successives qui doivent l'y conduire, c'est-à-dire qu'elle connaît déjà tout ce qu'elle se propose de connaître. — La finalité inconsciente suppose un progrès inexplicable et la finalité consciente est contradictoire.

III. — Elle n'est contradictoire que dans une pensée soumise au devenir. — Il ne reste qu'un parti à prendre, c'est d'affirmer que la finalité est consciente, mais qu'elle réside dans une pensée immobile dans la pensée absolue. — C'est de cette pensée immobile que la liberté reçoit simultanément et sa détermination et son complet affranchissement. — Elle est la cause absolue. 280

CONCLUSION 290

PARIS. — IMPRIMERIE F. LEVÉ, RUE CASSETTE, 17.

www.ingramcontent.com/pod-product-compliance
Lightning Source LLC
Chambersburg PA
CBHW060645170426
43199CB00012B/1676